师者，因风格而精彩

——工作室青年教师的成长修炼

黄洪章——主编

中国文联出版社

图书在版编目（CIP）数据

师者，因风格而精彩：工作室青年教师的成长修炼 / 黄洪章主编. — 北京：中国文联出版社，2023.6

ISBN 978-7-5190-5230-0

Ⅰ. ①师… Ⅱ. ①黄… Ⅲ. ①青年教师–师资培养 Ⅳ. ①G451.2

中国国家版本馆CIP数据核字（2023）第114359号

主　　编　黄洪章
责任编辑　刘　旭
责任校对　刘　旭
装帧设计　刘贝贝　李　娜

出版发行　中国文联出版社有限公司
社　　址　北京市朝阳区农展馆南里10号　　邮编　100125
电　　话　010-85923025（发行部）　010-85923091（总编室）
经　　销　全国新华书店等
印　　刷　北京四海锦诚印刷技术有限公司

开　　本　710毫米×1000毫米　　1/16
印　　张　15.5
字　　数　227千字
版　　次　2023年6月第1版第1次印刷
定　　价　58.00元

编委会

主　编：黄洪章

副主编：谢禄雨　温志军

编　委：（按姓氏笔画排序）

王莹珠　叶怡芳　许亚东　刘彩芳

何　龙　李　丽　李春娟　巫苏荣

杜惠灵　陈法美　陈福锐　钟小琼

侯少华　贾　凡　徐丽芳　黄　茜

序言

PREFACE

转眼间，工作室已成立10年。2014年12月，工作室开始授牌创建，从此成为河源市考核认定的第二批（2014—2017年）、第三批（2018—2021年）中小学名教师工作室，其间，又被广东省教育厅考核评定为先后两期（2018—2020年）（2021—2023年）的中小学名教师工作室。2016年11月，主持人所在学校的历史科组被评为广东省中学历史学科示范教研组。由此，我们搭建了一个“三牌合一”的教学研平台。

工作室寄托了我们心中的教育情结和追求共同成长的理想。长期以来，为了工作室的建设和发展，我们倾注了足够的热情和努力，付出了10年的青春和汗水。作为一个以市域历史老师为主体的省级工作室，我们的使命是培植岭南名师河源历史成长群落。

我们的成员已遍及我市各县区学校。随着研修活动的开展，工作室的品牌理念得到了传播。我们主张“读史明理，以文化人”，做对的事，把事做对，相聚集中研修，分散自我修炼。具体来说，我们主张“上好一节课，读好一本书，做好一课题，写好一篇文” 。这是我们的“四好”追求。可是，这也是不容易的。历史老师上课，看起来是“上下五千年，纵横八万里”，其实难免浅水表面。因时间、精力和才智所限，一个人穷其一生，如能读懂历史上的一个人，研透历史中的一件事，那么这个人也可成为非常了不起的专家学者。所以，在工作室的规划中，我们主张每位成员从“四好”中再选其一，个个有特长，人人得成功。

正是基于这样的思考，工作室向广东省中小学教师培训中心申报了专项课题“工作室培养对象教学风格形成的行动研究”，期待工作室团队的所有老师能从自身出发，从内部视觉进行“内省”研究，回顾成长经历，做好总结反思，凝练自己的教学主张和教学风格，由此写好自己的成长文章，分享自己的经典课例，做一个有思想的老师。

本书展示的内容是每个成员的个人简介、成长故事、教学追求和教学设计四个部分。这些成果是工作室培养和教师个人自我研究的结果，是工作室大多数老师的一次集中亮相，是工作室近10年以来研修活动的一次总结。我们可以在老师的文章中欣喜地看到：每一个老师，因不一样的风格而焕发出各自的精彩！

有人说，工作室成员中不少都是年轻教师，怎么就能形成教学主张和教学风格？我们的回答是：成长就像马拉松，不在于起跑的快与慢，而在于奔跑的长与久。我们不介意年轻老师的青涩，只在乎一个老师从教一生，是否曾经有过反思、是否有过自己的教学主张和教学风格。我们不能在讲台上走了一辈子，却因为没有教学主张而仍然沦为无“家”可归的“流浪汉”（余文森）。我们需要的是终身学习和不断进化，对成长的渴望更甚于对成熟的追求。我们相信，只要朝着正确的方向跑，青春终会与梦想相遇。

最后，借此机会，对长期以来关心和支持我们工作室的社会各界人士，在此表示真诚的感谢！

黄洪章
2022年12月31日

目录
CONTENTS

黄洪章：
“生命历史”让每个生命更精彩

个人简介

黄洪章，男，1989年华南师范大学历史系毕业，高中历史高级教师，现为龙川县第一中学教师。2014年至今担任了各两期的河源市中小学名教师工作室、广东省中小学名教师工作室主持人。曾获得龙川县历史学科带头人、河源市普通高中学科中心教研组历史学科成员、河源市普通高中教学指导委员会历史学科委员、河源市普通高考教学能手、广东省中学历史学科带头人等荣誉奖项。编写校本课程2本，主持或参与省级课题4项、市级1项，发表省级以上论文10多篇。

学无止境

多年以后，不经意中，我还会想起那个遥远的下午，一位司机站在车顶上，翻出一捆书，啪的一声甩落在夕阳下。1989年，我大学毕业，做了一名老师，这些书伴着我，走过了三十年的路。

一、十年初学路

那时是“孔雀东南飞”的好时代，但不是进入教师行业的好岁月。偌大的县城，只有两所完全中学，我进了其中一所——老隆镇中学做了老师。在这所学校里，师资青黄不接，但让人想不到的是，这里有好几位老教师，特使人钦敬。他们有名牌学历，有位曾在一所知名大学做过老师，有位看报经常看英文版的，还有归侨老师，因为那个人所共知的时代，他们最终回到故土，把大好岁月奉献给家乡子弟。他们有不平凡的人生和丰富的学识，可跌宕的经历没有让他们消沉，仍是兢兢业业对工作、旷达乐观对生活。我这个初入社会的人深受影响。

那时自己还真神啊！上了很多课，最多时每周有20多节课，有时还是从高中跨初中的课程，上课是从这栋楼到那栋楼；做了班主任，一个班六七十人甚至更多是常事；几年后又担任了历史、地理科组长。真是不知“累”字是怎么写的青春岁月。

当时仍是延续了几十年不变的“双基”教育，以注重学生的基础知识和基本能力为课程的主要目标，于是我从一些专业书上找策略：重知识，顾能力，求课堂简约，把“生动讲述历史知识”作为自己的教学追求。当时没有想过教学主张之类的问题，但模糊地知道上课要有自己的风格特色，后来我把这阶段的做法称为“重历史基础的知识主义”。

当然，讲好知识、完成“双基”目标不容易。怎么办？只有学习、修炼和实践。外出学习是奢望，但坚持读书，多有收益；或听老教师谈人生、讲课堂；在史、地科科组活动中，请地理老师给历史老师画地图……当时没有今天的多媒体，没听说过PPT课件，于是就围着讲台、黑板做文章。1995年，高考历史学科命题思路大变，对“双基”的基本能力考查力度凸显。为激发学生独立思考、敢于挑战权威的勇气，犹记得我们当时曾开展过“从教科书中找问题、找错误”的活动，于是学生把教材的编排、图文、文字细节等摸得烂熟，为纠错、诘问又搬来了不少课外书，学生提出的有些问题，真会让老师相信学生潜能无限。为此我还专门写过关于培养学生历史思维能力的论文。

第一个十年，困于狭迫的认知，学问无甚长进，只是仗着年轻在讲台上摸索学习。那年头还做了一些今天不易做的事，有时会带学生爬古塔，走古邑，登山涉水，激活了历史课，给师生留下了许多美好记忆。

二、廿年研学途

被岁月推着走，十年后评上了职称，似乎可以过上“晓看天色暮看云”的日子。

其实，当时我有很多东西不懂，教学上迷惘，专业上困顿，需要学习、寻找出路，后来看了一本关于教师发展的书，书上有一个“教师二次成长”理论：当教师第一次成长后，就会进入高原倦怠过渡期，如果能更进一步，就有机会进入第二次成长期。我对照自己，好像有道理。于是我就要求自己去扩大视界，多接触一些课堂外的东西，除了阅读和反思，开始做课题，不自觉中走上了研学之路。

正赶上我国基础教育大干快上，削山填湖学校扩张。2004年，我被调到今天任职的学校——龙川县第一中学。随着新课改大幕拉开，全国各地出现一大批专家型、学者型的领军教师。唐云波老师来我校，上了一节“文艺复兴”的示范课，令我们印象很深，感触很大。作为历史学科组长，我找来了唐老师写的该节课的备课日记，与同事们进行了认真的学习和讨论。由此，科组研课、磨课出现新风气。

这个时期我痴迷于学问，不懂就学，在学习中提高认识、加深理解。我研读了《普通高中历史课程标准（实验）》中的“三维目标”，决定重点在“过程与方法”这个维度中做文章，强调转变教学方式，减少教师在课堂中的“话语权”，尤其是杜绝传统的“满堂灌”，使学生由被动学习转变为主动学习。我认为这次课改的核心就是开展探究学习活动，由此，我提出了“历史探究”的教学理念，称之为“重历史能力的探究主义”，与同事们一起在教学中探索与实践。

“上好一节课”是我们的追求，但历史教科书是精编的浓缩本，问题少，结论多，学习基本靠背，需要寻找能力培养路径。探究主义者说：“不要告诉我答案，我只想知道这答案是怎么来的？”在教学上，我们重点关注的是问题意识、情境创设、论从史出三个环节。经过长时间的听课、研课、磨课，我们的教学理念得到不少同人的认可，在示范高中评估、广东省中学历史学科示范教研组竞评、教师同课异构、对外交流展示、高考备考等活动中，收获了很好的评价。

回想起来，第二个十年，我大致认识到只有从教学走向教研才会有更广阔的发展空间。其间，我热衷于高考备考研究，听了大量的各类研讨课，做过两项省级课题，加入了省、市历史学科的一些教研组织，接触了较多的外面世界，对中学教研有了一定自觉。

三、卅年结伴行

行万里路，读万卷书，是人生的一种境界。学习、终身学习才能紧跟这个时代。

2014年，我赴东莞、深圳参加广东省中学历史教学改革经验交流会。魏恤民老师提出了“追求历史教师专业生命和专业生活”的主张；陈维坚老师分享了只要坚持、忍受孤独即可“剩（胜）者为王”的观点；吴磊老师让我第一次在现场看到了什么叫工作室。这次交流活动，我坚定了创建团队与同道同行的想法。

同一年，我成了河源市名教师工作室主持人，后来又担任了广东省中小学名教师工作室主持人，其间，龙川县第一中学历史学科组被授予为广东省中学历史学科示范教研组，这样我们就有了一个“三牌合一”的历史团队。

我喜欢有这样一群人，可以常常在一起，上好一节课，读好一本书，做好一课题，写好一篇文。在工作室中，我主张每人有自己的一项特长，以此来不断成长自己。

这期间，为落实工作室这一理念，我们很重视教学主张和教学风格的问题。“一位教师即使著作等身，荣誉无数，如果缺乏自己的教学主张，从专业上讲，他依然还是一个无家可归的流浪汉。”（余文森）我们为此开展课题研究，尤其强调教师个人从自身出发，从自我的内部视觉进行“内省”研究、自主研究，凝练自己的教学风格。

我个人也对自己的课堂教学做了简单回顾，从早期的“生动讲述知识”到中期的“探究学习”，算是对教学方式的一种超越，可是时间长了，又觉得它们好像是“理”多“文”少，没有更好地突出历史学科的人文情韵，少了一些生命关怀。

恰逢其时，《普通高中历史课程标准（2017年版）》颁发，课程目标从“三维目标”向核心素养转变，体现了从学科本位到以人为本的转变，彰显了历史学科以史育人的特色，使历史学科成为关注学生全面发展、个性发展和持续发展的学科。对比以前的做法，此次我提出了“重历史素养的生命主义”的主张。由此，我升华了教学理念，并把这种以学生素养为核心的历史课堂解释为生命历史课堂。

大学时期，我读过陶行知、苏霍姆林斯基、康德，后来，又受于漪、李镇西、李惠军等名家影响，相信教育不过是常识，人就是本质，为了人的福祉与尊严，教育应以实现人的价值为导向。正是在这种以个人经历、不断学习、教育实践和以价值导向为指引的过程中，我认为历史课堂就是教师与学生在历史课堂内外的生命对话。由此，我最终形成了“生命历史——让每个生命更精彩”的教学主张。

“独行速，众行远。”第三个十年，也是我与志同道合者共建工作室的十年。工作室对我的意义，在于它“以一灯传诸灯”的平台效能，寄托了我内心追求与同道者共同成长的理想。

转眼间，三十年已然过去。当初高中毕业时，英语老师在我的毕业纪念册上，写下了这样一句祝福语：Live and Learn。参加工作后，十年学站讲台，十年学习教研，十年学做工作室，三十年学习，三十年守望。忆往昔看今朝，任凭时空变换，对于前行者来说，唯有学习没有边界。

教学追求

“生命历史”让每个生命更精彩

钱穆说：“历史便是生命，生命便是历史。”

自有历史以来，教育就已经开始。一切教育都是人的教育，只有以人为中心，对生命本身及生命价值的关注，才能在根本上体现人本的教育精神。盛衰治乱，生离死别，都在历史长河中由每个生命承载。因此，历史课就是最好的生命教科书，历史课堂不应止步于专业的历史人物事件，而要将历史融入人的心灵深处，直达生命的本质。生命历史，就是基于生命个体，尊重生命尊严，焕发生命潜能，促进生命成长，让每个生命更精彩；生命历史课堂，就是教师与学生在历史课堂内外的生命对话，使历史课堂真正成为培养人、塑造人、发展人的生命课堂。

一、生命历史的价值追求

（一）让学生体悟生命的真义

大多数人的人生观、世界观、价值观都是形成于中小学读书时期，文史科是最好的"三观"教科书，历史课堂是追寻人生之真义、张扬生命力的主场。

历史有沉重，有激扬，有平淡。《史记》中"人固有一死，或重于泰山，或轻于鸿毛"的生命声音会在学生身边回响，马克思"为人类幸福工作"的毕业宣言让学生写下人生规划，战争的悲剧让人少一点偏见、狂傲，多一点宽容、互信，由此敬畏生命，拥抱和平，构建人类命运共同体。当人失落时，可回到20世纪50年代，去追寻"垮掉的一代""迷惘的一代"的足迹，感受海明威曾经的盛世巴黎，再在每日的早上到黄昏，等待那位要来却永远不来的戈多，让学生认知人类的迷惘与荒诞总是一时的，现代人终将能从精神困乏中得到振奋。

在许多人高喊躺平的现代，追问人生意义的话题已远超以往。生命历史认为，人生可以壮怀激烈，也可以围炉煮茶，生命的真义在于"只有一种英雄主义，那就是在认清生活的真相之后依然热爱生活"（罗曼·罗兰）。

（二）让学生有明理知变的能力

欲知大道，必先修史。知史明鉴，学史明理。理者，"万物有成理"之理也。事有成因，物有定理，理有必然，"不为尧存，不为桀亡"（荀子）。面对纷繁无序的历史，我们要透过历史的表面尘埃掘井及泉，理解历史发展的深层逻辑，知理而行，懂得变通，这就是生命历史的教学追求。

这类课文无处不在，开篇"史料阅读"《五蠹》："上古之世，人民少而禽兽众，人民不胜禽兽虫蛇。有圣人作，构木为巢以避群害，而民悦之，使王天下……近古之世，桀、纣暴乱，而汤、武征伐。"让学生感知历史中粗悍惕厉、昂扬奋争、明理知变的生命品质，了解文明演进是从低级到高级发展的态势，由此体悟人类生命中所具有的不屈不挠、勇于创新的伟大力量。

"宇宙万象，变化莫测；人生际遇，动止纷纭。综罗历史演进的内涵，无非教人知变、适变而已。"（南怀瑾）我们将历史长河的点点滴滴浓缩在生命历史课堂，使明其理、知其变成为学生生命中的基本品质。

（三）让学生对历史有温情敬意

历史不仅是"理"的探寻，还有浓郁的情感意蕴。历史是人类的传记，这里有民生之多艰，有古仁人之心，有家国之情怀，有世界之港湾相连。生命历史，须对悠悠历史有温情敬意，对个体生命有尊重关怀，对家国民族有高度认同，对人类命运共同体有深切关注。

历史之情韵，人类深层的文化心灵密码。“所谓对其本国已往历史略有所知者，尤必附随一种对其本国已往历史有一种温情与敬意。”（钱穆）学习“宅兹中国，自之乂民”“中国有礼仪之大，故称夏；有服章之美，谓之华”，由此唱响中国，华夏认同……世界不是一座孤岛，人类命运风雨同担，我们应以开放、包容之心与世界人民同舟共济。

五千年家国，八万里世界，生命历史是家国情怀、世界担当的课堂。承认历史的巨大力量，从历史中唤醒人的本心，激发生命的热情，对未来充满希望，承担历史和社会的责任，以服务于国家强盛、民族自强和人类社会的进步为使命。

（四）让学生张扬生命的个性

每个人有自己的传奇。关注学生个性化、多样化的学习和发展需求，是教育价值的体现。尊崇生命个性，让学生“发现更好的自己”，使天性、禀赋、气质、情感、思维等生命潜质得到发现和张扬，使学生成为有个性和敢于创造的人。

每一个时代，每一个民族，都有自己独特的生活方式和精神气质，建安有风骨，魏晋有风度，这就是历史个性。凡是伟大的时代，都是个性张扬的时代，此时，风云际会，群星辈出，创造了一个又一个缤纷多彩的世界。在生命历史课堂中，学生追寻着智慧的达·芬奇、力量的米开朗琪罗、温柔的拉斐尔，感受人性与生命的光辉，让学生的个性张扬。

“每个人的自由发展是一切人自由发展的条件”（马克思）。我们开展“以手写心”（记录你身边的历史）等创意活动，让学生的心灵世界、独特性在作品中鲜明展示出来。每个人应该庆幸自己是独一无二的，由此相信潜能，实现生命的超越。

二、生命历史课堂的构建

（一）秉持民主平等、尊重包容的课堂理念

民主不仅是政治理念，也是一种最好的教育生态，是一个教育者应具备的基本修养。在生命历史课堂中，师生平等、相互尊重，激励与诘问、开放与包容浸透于课堂的每个角落，体现于教学的每一个细节。如此，才能实现师生之间、人与历史之间的精神互动，在民主平等的氛围中开展师生与历史的生命对话，培养学生健全的生命人格。

（二）构建学生本位、学习中心的历史课堂

“凡为教，目的在达到不需要教。”（叶圣陶）基于生命历史的教学设计，重心在于学生自我学习能力和独立思考的习惯。因此，教学活动要时刻牢记以学生的学习与发展作为教学的本位，以学生学习为中心，教学内容要符合学生的认知、情感、心理特点，要围绕生命教育、素养教育来整合教学资源，要考虑到教学内容的逻辑，要重视教学过程的环节等，这样才能构建有生命力的历史课堂，才能滋润学生的生命成长。

（三）组织阅读思考、探究沉浸的教学活动

教无定法，阅读思考、探究互动、沉浸体验是生命历史课堂的关键词。

阅读思考：让生命充盈，成为有思想的人。有史家说，“中学历史教学其实就是在课堂里教历史阅读素养”。现在的统编教材在正文之外，增设了“史料阅读”“学思之窗”等栏目，这些内容可读性强，有思辨说理的，有趣味盎然的，有沉痛激昂的，有文采芬芳的。读史，读人世之钩沉，知沧桑之演变，其犹明镜照骨，自省然后识理。眼中有问题，心中有思考，才不迷信权威，不人云亦云。阅读思考也是与史对话、与己对话，以至激活灵性，润泽生命，让内心融通开阔，孕育独立自由之精神，形成独立思考的能力。

探究互动：养成思辨习惯，成为理性的人。“不要告诉我答案，我只想知道答案是怎么来的？”生命历史重视探究互动，要做好几个环节：一是要有问题意识，从教学重点中设置问题，强调问题是一节课的出发点；二是创设问题情境，备课时充分利用课本史料，或从课外精选史料，创设恰当的教学情境；三是论从史出，重视过程的合作、探究和互动，要求推理合乎历史逻辑，掌握历史论证的思维方法。探究互动是师生之间、师生与历史之间的生命对话，学生所获得的，不仅是知识，而且是客观、理性的历史态度，是终身发展和社会发展所需要的理性精神、思辨能力和人格独立。

沉浸体验：站在生命之上，成为共情的人。回归历史，读懂斯人旧事，神交古人。课堂中创设情境，回到历史现场，设身处地沉浸其中，获取古今双向感应，由今及古揭示教育情事，与古今人事对话。讲宋史，套用汤因比、李约瑟、余秋雨等人的话，“假如让我选择，我愿意活在中国的宋朝。如果可以穿越，你喜欢在哪个时代过一生？”学生A：“我不爱打打杀杀，只求岁月静好，我想在文宋做个小市民，看清明如画，唱一曲柳词，‘有三秋桂子，十里荷花’。”学生B：“我只想做个小农，‘不知有汉，无论魏晋’，春种，夏耘，秋收，冬藏，最好还能赴考题名，耕读传家。”这种沉浸体验“把历史变成我们自己的，我们遂从历史进入永恒”（雅斯贝斯），与古人对话，与今人共情，与世界感同身受。

历史教育的价值不仅在于理性地分析过去、解释现在、指导未来，更在于对人类命运的观照和人文精神的温情陪护。历史不只是城南旧事，也不只是群体记忆（李惠军），而是一束深入灵魂的生命印痕。生命历史，让每个生命更精彩。

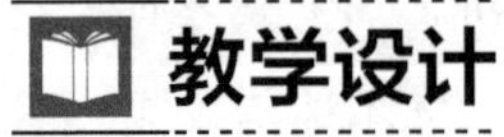

教学设计

阳明心学

一、教学目标

了解王阳明心学，认识阳明心学的意义，体悟生命的力量。

二、教学过程

（一）王阳明是怎样的一个人

材料1：王阳明名片。在世：1472—1529年；朝代：中国明朝；籍贯：浙江余姚；头衔：心学大师；官职：南京兵部尚书；作品：《传习录》；事功：平定宁王之乱，镇压南赣、闽、两广民变。

——鹤阑珊《王阳明：人生即修行》

材料2：阳明一生，充满传奇。出身书香世家，他父亲是当时科举状元，而他却曾是叛逆少年；仕途触怒权贵太监刘瑾，被贬谪到边区；在贵州龙场悟道，洞彻世事人心；一介书生，却用兵如神，平定诸乱；身居高位，立院讲学，弟子满天下。“立德、立功、立言”真三不朽的圣人。1529年，王阳明病逝，弟子在病榻前问：“老师还有什么话说？”先生笑曰：“此心光明，夫复何言！”

——吕峥《明朝一哥王阳明》

活动一：自主阅读、思考，回答问题1：从其生平，概括心学产生的社会背景。问题2：哪句话是王阳明一生的点睛之笔？

参考1：明代中期，政治腐败，社会动荡，个人修炼，理学继承。参考2：此心光明。

设计意图

提纲挈领，知其事，亲其人，了解王阳明曲折而不平凡的一生，让学生感受生命的光辉。

（二）阳明心学体系是怎样的

材料3：阳明格竹的故事。早年，王阳明也是朱子的粉丝，遵循“格物致知”的教诲，曾经面对竹子，全心静坐，格了七天七夜，竹子之理没有格出，反而格出了一场大病。为此阳明写了一首诗：人人自有定盘针，万化根源总在心。却笑从前颠倒见，枝枝叶叶外头寻。

——《传习录》（本文未注明出处的史料均来自此书）

活动二：课中模拟格竹体验。回答问题3：格物致知是否可行？

参考3：格物不能致知。阳明观点：理在心中，无须外求，理不能“格”，只需心上用功（也不是今日实践观点）。

设计意图

读懂古人旧事，注重沉浸体验，让人感同身受。

材料4：先生游南镇，一友指岩中花树问曰："天下无心外之物，如此花树，在深山中自开自落，于我心亦何相关？"先生曰："你未看此花时，此花与汝心同归于寂。你来看此花时，则此花颜色一时明白起来，便知此花不在你的心外。"

活动三：全班朗读。回答问题4：两则材料体现了阳明的什么思想？问题5：这与唯物主义有何不同？

参考4：心即理，理在心中，心外无物。参考5：主观唯心主义。

设计意图

此文是阳明经典，在朗读中感受生命花开。理解心外无物的思想及与唯物主义的差异。

材料5：先生说："知是行的主意，行是知的功夫，知是行之始，行是知之成。"比如讲孝悌，尊敬长辈，怎样才算知行合一的孝悌？某人知孝知悌，绝对是他已经行了孝悌，才能称他知孝知悌，不是他只知说些孝悌之类的话，就可以称他为知孝知悌了。

活动四：探究、互动。回答问题6：如何理解王阳明的知行合一？

参考6：表义：知是认识，行是实践。真义：知是良知，行是为善去恶，行就是知，知就是行，知和行是一回事。

设计意图

探究互动，养成思辨习惯，培养理性批判的生命品格和能力。

材料6：1521年王守仁在给弟子的信中说："致良知是学问大头脑，是圣人教人第一义。良知之外，再无知。吾心之良知，即所谓天理。"

材料7：先生与杨茂的纸笔文字对话。江西泰和人杨茂，聋哑人，不能听，不会说。

先生说：你的口不能说是非，你的耳不能听是非，你的心还能知道是非否？

杨茂说：知是非。

先生说：这样来说，你的口虽不如人，你的耳朵虽不如人，可你的心还与人一般（杨茂听了很感动）。

先生又开导说：大凡人都是这样的心。此心若能存天理，就是个圣贤的心；就算口不能说，耳朵不能听，也是个不能说不能听的圣贤。心若不存天理，那就是个禽兽的心；口虽能说话，耳朵虽能听见，也只是个能说会听的禽兽。

活动五：阅读、思考、讨论，安排两个学生模拟“先生与杨茂的对话”。回答问题7：何谓“良知”？问题8：“致良知”的价值何在？

参考7：良知即是人的本心，是内心固有的灵明，是人之天理。参考8：“致良知”指在行动上克去私欲、回归良知。良知之心即是圣贤之心，人人均可做圣贤。人人因“致良知”，而在心灵修行中获得人生的圆满。

设计意图

“与杨茂的对话”，重在唤醒生命初心——人人皆有的内在的灵明（良知），感悟人性尊严、心灵力量和生命追求。

课堂归纳：阳明心学体系的三大内容：心即理，知行合一，致良知。

（三）怎样正确看待阳明心学

材料8：后人评价：两肩正气，一代伟人，拨乱反正，救世安民（明朝皇帝明穆宗）。极其伟大，是豪杰之士（梁启超）。一生俯首拜阳明（近代日本东乡平八郎）。21世纪是王阳明的世纪（当代儒家学者杜维明）。中国历史上能文能武的人很多，但在两方面都臻于极致的却寥若晨星。好像一切都要等到王阳明的出现，才能让奇迹真正产生。王阳明一直被人们诟病的哲学，在我看来是中华民族智能发展史上一大成就（余秋雨）。

活动六：阅读、思考，回答问题9：我们应怎样正确看待阳明心学？问题10：人物评价应注意哪些问题？

参考9：社会责任、历史使命；人性庄严；维护专制政治。参考10：不同时代，不同立场，不同评价。

设计意图

学会评价，养成理性、思辨对待社会人生的品格。

活动七：人人心中有一轮明月，人人心中有一个圣人。请用一句话来描述你对阳明心学最深刻的生命感受。

设计意图

历史课就是最好的生命智慧教科书，课堂不应止步于专业的历史人物、事件，而要将历史融入人的心灵深处，直达生命的本质。

三、课堂小结

心即理，知行合一，致良知，简单三个词，却包含了阳明心学的世界观、方法论和人生观，构成了一个完美的逻辑闭环，是我国优秀传统文化的重要组成部分，对历史产生了深远影响。

温志军：
“以境生思”培养历史批判性思维

个人简介

温志军，男，韩山师范学院毕业，中学历史高级教师，现为河源市教育教学研究院中学历史教研员、人教版教材历史学科培训专家。曾担任“南方教研大讲堂”研讨专家和义务教育阶段新课程标准研究解读专家。黄洪章名教师工作室学员（2014—2017）。曾获得河源市源城区十佳教坛新秀、源城区优秀班主任、源城区年度教师、河源市优秀教师（2次）、河源市年度教师候选人、广东省首届青年教师能力大赛二等奖等荣誉奖项。主持了系列的区级、校级课题研究，发表论文9篇，在各级论文评比活动中获奖29次。

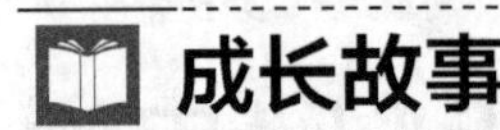

成长故事

奋战新征程，奉献新时代

2004年，我踏上三尺讲台，在教育的道路上奋战18载。

2022年，我离开了三尺讲台，进入河源市教育教学研究院担任中学历史教研员，继续引导广大教师培育桃李。可以说，我的教育生涯是充实的，也是问心无愧的。

一、敬业爱岗，志育桃李守初心

我忠诚于党的教育事业，坚持以习近平新时代中国特色社会主义思想和党的十九大精神为指导，践行社会主义核心价值观，关注时事动态，坚持学习，力求成为有理想信念、有道德情操、有扎实学识、有仁爱之心的“四有”好老师；在教学实践中，我以培养学生基于历史学科特征的关键能力、健全的人格和健康的人生态度为己任。不忘初心牢记使命，在人民教师这个岗位上，我培养出一批又一批社会主义建设的人才，其中有相当一批是走上了中小学和中职学校教书育人的岗位，他们也成了园丁，成为培桃育李的人民教师；也帮扶了一批年轻教师成长，成为学校的骨干。我在一步一个脚印中不断成长，在一次次的锻炼中成熟，2018年我荣获了“源城区年度教师”以及“河源市年度教师提名奖”和“河源市优秀教师”等称号。

二、潜心研教，创新教学担使命

我刚大学毕业，就遇上了新课程改革，这也给了我一个很好的接受新课程理念的机会。为了优化课堂教学，切实提高课堂教学质量，我认真钻研最新课程标准，不断更新教学观念，积极探索教学方法。

通过自己的不断学习和努力，我确立了以"学生为主体，教师为主导，能力为主线，核心素养为主题"的教学思想；在课堂上采取启发式、探究式、辩论式、提问式、情景教学等创新模式的教学方法；将自主钻研、小组合作学习讨论落实到历史课堂之中，提高学生自主性、创新性和主动性；培养学生的人文主义精神和公民意识；探索了以学生独立思考为主、老师适时引导启发、适合山区普通高中历史课堂的基于情境的项目式课堂模式。在提高课堂有效性的同时形成了《例谈高中历史"问题式"课堂实施策略》《高中历史"问题解决"课堂实施策略探析——以〈戊戌变法〉课堂探究为例》等论文成果。

本人的教学工作得到了学校和上级教育部门的高度肯定。自工作以来本人获得校、区、市、省的多次表彰，如：2011年获源城区"十佳教坛新秀"称号；2014年、2016年、2017年共3次获得河源市源城区"高中历史教师解题竞赛"一等奖；课例《太平天国运动》在2014年度的"一师一优课，一课一名师"活动中获评广东省优秀课例和教育部优秀课例；2017年在河源市中小学青年教师教学能力大赛中获得特等奖，并代表河源市参加广东省中小学青年教师教学能力大赛，获得二等奖。

2022年4月，我还荣幸地收到广东省教育研究院的邀请，参与"南方教研大讲堂"第37期高中历史专场，和广东省中学历史教研员陈家运老师、首都师范大学叶小兵教授、华南师范大学黄牧航教授以及深圳教研团队一起就如何开展项目式学习进行现场专家研讨。2022年8月我组织全省地级市义务教育阶段历史教研员在佛山三水进行新课标培训，并做了《新课标背景下的课堂变革》专题讲座。截至日前，我共在省、市、县区开设备考研讨讲座、课标培训、教师专业能力成长等专题讲座16场。

这是我参与教研的一个缩影。工作以来，本人主持了系列的区级、校级课题研究。最近的课题"高中历史批判性思维能力培养的实践研究"正在开展研究，预计将在2023年结题。

本人积极撰写教学论文，总结教学体会，努力使自己成为“学者型”教师。平均每年撰写教学论文2篇，并有多篇论文在国家、省市级论文评比中获奖，多篇论文在省级等刊物发表，如：2012年2月《例谈高中历史“问题导学”课堂实施策略》荣获第11届中国基础教育系统年度课改成果大赛二等奖；2012年3月《例谈高中历史“问题式”课堂实施策略》发表于《课程教育研究》（刊号：ISSN-2095-3089）；2012年3月《新课程理念下高中历史有效性教学之管见》发表于《广东教学报》（刊号：CN44-0702/F）。目前，本人共在各类刊物发表论文9篇，在各级论文评比活动中获奖29次。

在高考研究和备考方面，本人积极参加河源市以及源城区的各项高考备课研讨活动。2015年11月开始，参加了河源市黄洪章名教师工作室（高考研究方向）的跟岗学习，积极参加各类教研活动，得到黄洪章老师工作室团队和龙川一中老师等的精心指导，本人的汇报展示课《甲午中日战争》得到了高度评价。

在课堂之外，我把历史教学延伸到课堂外，组织学生开展手抄报制作、历史思维导图制作、历史漫画创作等活动，丰富学生的课外知识，培养学生的综合实践能力和家国情怀等核心素养。同时，我还开设了一系列知识方法讲座，如：《全国卷下的历史核心素养的考查分析》（2018年）和《凝集体智慧求高效备考》（2019年）等。

在乡土资源开发利用方面，本人利用河源市是苏维埃红色政权革命老区的优势，充分挖掘和利用乡土史进行教育教学，组织学生参观河源市革命烈士陵园、博物馆等，指导学生开展了社会实践和校园历史文化建设等活动，效果十分好，如2018年参加河源市教育局举办的“河源市乡土历史文化资源手抄报”活动和2019年开展的东埔中学首届历史漫画创作大赛等。通过以上系列的第二课堂活动，学生的知识能力与核心素养都有了喜人的进步。2022年，本人指导河源高级中学开展项目式学习研究，研究成果课例《水陆交通的变迁——从粤赣古道看岭南社会生活的变迁》在南方教研大讲堂第37期进行了展示，得到专家和同行的一致好评。

三、人文管理，班级建设出新思

在教书育人过程中，本人坚持以爱心为出发点，用信心去鼓励学生，用细心去培育学生。坚定“科学管理，注重人文”的教育信念，认真做好教书育人和班主任工作。注重班风学风建设，当好学生知心人；注重学生思想教育，当好学生引路人；注重以书以工为师，当好学生筑梦人。

本人工作积极，表现突出，成绩显著，获得学校、源城区和河源市教育局的一致好评。2008年和2016年荣获源城区“优秀班主任”；2017年和2018年连续两年被评为“河源市优秀教师”；2018年被评为源城区“年度教师”和河源市“年度教师候选人”等。

四、传帮带扶，支持后秀暖人心

本人积极对青年教师做好帮、扶、传、带工作，建立磨课体制。师徒之间的互助帮助，相互听课，取长补短。组织青年教师和有经验的教师一起集体备课，互相讨论，在交流和分享中学习他人的长处，提出改进意见和措施，产生新的思想，达到新的共识。在本人的帮助下，青年教师的业务水平、教学能力有了长足的进步。其中叶怡芳老师和邬文青老师在广东省第三届青年教师能力大赛中获得二等奖的佳绩。

五、历练成长，任重道远且前行

本人坚持不懈地加强学习，博采众长，拓宽知识视野，提高业务水平和工作能力，积极参加各种学习培训，如参加计算机知识培训；参加广东省、市、区级各类高考备考研讨活动；到河源中学、龙川一中等多所重点高中交流学习；参加黄洪章名教师工作室学习，将历史专业理论、历史课堂教学和高考紧密联系起来；2018—2019年参加河源市教育局组织的广州河源“名师结对”系列活动等。转任历史教研员以来，我还积极参与各种平台的教研活动，如参加“南方教研大讲堂”、广东省教研院“走进粤东西北”教研帮扶等活动。

作为一名教师，我深知，成绩只代表过去，未来我仍需不断努力，本人不断调整自己的心态，充分认识到落后山区教育所带来的生活、工作压力，保持积极乐观的心态，正确对待一切困难和挫折；加强与领导、同事、学生的沟通交流，形成良好的集体主义感，让自己在一种和谐向上的氛围中工作；克服不足，扬长避短，再接再厉，任重道远，力争做一个问心无愧的“四有”好老师。

教学追求

“以境生思”培养历史批判性思维

新课程改革推行多年，核心素养强调培养适应个人终身发展和社会发展所需要的能力。基于学科素养导向，承接学科素养要求，结合学生认知发展实际，高考评价体系确立了符合考试评价规律的三个关键能力群。其中一个就是涵盖了各种关键思维能力的思维认知能力群。历史批判性思维就是其中最为核心的思维能力。

普通高中历史教学课堂中的顽疾长期存在：重表象，轻本质；重形式，轻内容；重设计，轻生成；重结论，轻过程；重程序，轻创新。这些都制约着高中课堂的高效开展和学生的能力发展。因此，笔者主张在高中历史课堂中大力实践培养学生的批判性思维，这有利于学生得出新视角、新观点、新方法、新设想，创造性地解决生活实践或学习探索中的各种问题。

《普通高中历史课程标准（2017年版2020年修订）》指出：在课程实施上，促进学生的自主学习、合作学习和探究学习，提高实践能力，培养创新精神。要求学生发展理性思维，敢于批判质疑、探索解决问题，善于反思，具有一定的创新精神和实践能力。齐健、赵亚夫等人著的《历史教育价值论》指出：历史教育承担着完善学科教育的功能，应该使每个人能够富有批判精神的思想意识，在人生的各种不同的情况下自我确定应该做的事情。要达成以上素养和能力目标，培养学生的历史批判性思维就是最有效的途径。

历史教学的目标是什么？历史课程要将培养和提高学生的历史学科核心素养作为目标，使学生通过历史课程的学习逐步形成具有历史特征的价值观念、必备品格与关键能力。

我们以《秦汉大一统国家的建立与巩固》主题教学为例，其中课程标准就明确要求：

“通过了解秦朝的统一业绩和汉朝削藩、开疆拓土、尊崇儒术等举措，认识统一多民族封建国家的建立及巩固在中国历史上的意义……”

那么，应该如何实现历史的教学目标呢？笔者认为，最主要还是要从历史核心素养出发，在特定的时间联系和空间联系中形成时空观念，运用可信的史料努力重现历史真实，对历史事物进行理性分析和客观评判。在这样的背景下，构建一种培养学生批判性思维能力的课堂就成为广大历史教师的迫切愿望，这也是改变当前历史顽疾的对症良方。

什么是历史批判性思维呢？北京师范大学刘儒德教授在《论批判性思维的意义和内涵》指出：“批判性思维是指对所学的东西的真实性、精确性、性质与价值进行个人的判断，从而对做什么和相信什么作出合理的决策。”

要学好高中历史内容，也需要学生运用批判性思维，需要学生正确理性地看待历史问题。为提高学生的批判性思维能力，笔者拟结合《秦汉大一统国家的建立与巩固》教学为例，谈谈“以境生思，培养历史批判性思维”这一教学主张。

一、深入历史特定时空，批判看待当时人事

历史已经成为历史，我们没有办法再次经历秦汉大一统的场景，但是可以用代入的办法，学生神入秦汉社会，以秦人和汉人的立场，理解他们看事情、想问题的方式，尽量体会他们的感受。如在学习《秦汉大一统国家的建立与巩

固》时，我们可以采用以下案例：

案例一：

公元前230—前221年，秦国采取远交近攻策略，相继灭掉东方六国，建立起第一个统一王朝——秦朝，定都咸阳。假如你是秦始皇，为了巩固中央集权的统治，你会采取哪些措施？

此时，学生就可以在问题的引导下，深入秦朝的咸阳，模拟秦始皇的身份，在国家统一的特定环境之中，去思考和解决如何巩固中央集权的统治这一特定问题。学生会结合秦朝统一时候的历史背景和教材的相关表述，针对性地提出巩固措施：

（1）建立皇帝制度等中央行政制度；

（2）彻底废除分封制，在全国范围推广郡县制；

（3）统一车轨、文字、货币和度量衡；

（4）编户籍、颁法律；

（5）焚书坑儒；

（6）修筑长城……

在上述基础上，教师还可以进一步让学生深入：

假如你是秦朝的一个百姓，你赞同秦始皇的这些做法吗？说说你的理由。

通过此类身份模拟，让学生深入特定环境解决特定问题，避免用现代的观念、想法去看历史人物，去理解过去。这是培养学生批判性思维能力的有效途径。

案例二：

汉代尊崇儒术的史实，我们就要回到汉朝武帝时期，去了解当时的情况。教师可以构建这样的场景：

公元前134年，汉武帝正在召集各地贤良方正文学之士到长安，亲自策问。此时你也在召集的队伍之中。你看到汉武帝始终眉头紧皱，闷闷不乐，若有所思。为什么他还不开心？作为文学之士的你，能猜透武帝的心思吗？

此时，学生的脑海里不断涌现汉朝的宫殿里武帝闷闷不乐的场景。这样的场面是比较贴切学生的认知的，也是围绕课程标准展开、紧扣主题的。学生也是跃跃欲试、纷纷猜测的。学生运用自己的生活经验和思维逻辑，也是能够以一名汉朝官员的角色，给出一些有建设性的观点的。如：

此时武帝治下国力强盛，经济富足，但是也面临诸多问题：

（1）诸侯势力强大，内部的王国问题严重；

（2）外部匈奴犯边问题的困扰；

（3）土地兼并严重，地方豪强地主势力过大；

（4）休养生息政策下汉武帝个人抱负无法施展；

（5）其他……

通过深入历史，学生在课堂中用批判性的眼光去看待当时社会的人和事，从而实现培养学生的批判性思维能力的目标。

在了解了武帝闷闷不乐的原因后，教师又提出进一步的深入路径：

正当你冥思苦想，欲为君分忧之时，你旁边的一个大臣掏出了一个册子递给了武帝，封面上写着《举贤良对策》，武帝看后龙颜大悦。那么，这个大臣最有可能是谁？册子里会写些什么内容让武帝欢喜？你的理由是什么？

此时的学生，有了一种站在朝堂之上的，为武帝分忧的感觉。这样的历史是有意思的，学生的角色代入感特别强。与此同时，学生是能够进行更高层次的理性思考的，并能够给自己所形成的观点找到证据的支撑。如对董仲舒《举贤良对策》里的“罢黜百家，尊崇儒术”的内容，学生会给出如下理由：

（1）汉武帝急需改变“无为而治”的现状；

（2）汉武帝迫切需要强化中央集权，在思想上完成统一是其中一个重要的内容；

（3）汉武帝更加青睐新儒学；

（4）其他……

因此，在一个课堂中能有一两个有效的神入情境设置，是历史批判性思维能力培养的关键指标之一。

二、逆向设计唤醒思维，深度构建批判课堂

在大多数人的眼中，历史是不能假设的，历史是没有如果的。但是，实际上恰恰相反。法国现代史学家拉孔布认为："想象的经验是历史学中唯一可能的经验。"高中教师更应该重视历史假设，对已经发生的历史事实进行否定以构建一种可能性假设的思维活动。

案例三：

在组织学习秦朝的历史时，学生可以从教材中获得相关信息：

公元前214年，秦朝在原有北方诸侯国旧长城的基础上，修筑了西起临洮、东至辽东的万里长城。

这是一个史实的陈述，但是，此时教师实施逆向设计，抛出一个问题："假如秦始皇当年与民休息，没有组织修筑长城，秦朝的历史会怎样发展？"

这样的问题一提出，学生会进行逆向思考和重构，这种活动不是随意猜测和想象，而是基于对学生了解事件的特定时代背景，对历史证据作详尽分析和评价，基于辨析观点和陈述观点等系列活动，教师要引导学生避免用现代人的认知和视角去作出分析和判断。诸如此类的问题还有：

假如汉武帝没有采纳董仲舒的建议，西汉的思想文化发展会是怎样？

假如张骞完成第一次通西域之后，活动就终止了，西域和中原的政治、经济、文化的联系又会怎样发展？

通过此类假设性问题可以激发学生的演绎和推理能力，从而增强学生的预见性和历史洞察能力，培养批判性思维能力。

在历史课堂中培养学生对历史上部分的人和事提出质疑，形成问题意识，才能为提升学生的批判性思维能力打下坚实的基础，才能够具有探究能力和创新精神，成为有理想、有本领、有担当的"三有"时代新人。

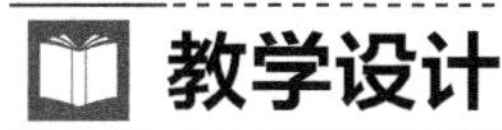

汉代思想的大一统

一、教学目标

（1）通过对本课的学习，学生基本掌握汉代思想大一统的相关史实，认识到汉代从思想大一统到政治大一统是历史发展的趋势（唯物史观）。

（2）学生能自主构建汉朝思想大一统的从汉初到汉武的整体画面，提升时空观念的历史核心素养（时空观念）。

（3）能够以批判性思维正确看待汉代尊崇儒术的两面性。同时引发对国家大一统的深层次思考（史料实证、历史解释）。

（4）正确认识儒家的发展是吸收了百家的精华，是中华优秀的传统文化，提升家国情怀（家国情怀）。

二、教学片段

（一）武帝的烦恼

创设情境1　公元前134年，汉武帝正在召集各地贤良方正文学之士到长安，亲自策问。此时你也在召集的队伍之中。你看到汉武帝始终眉头紧皱，闷闷不乐，若有所思。为什么他还不开心？作为文学之士的你，能猜透武帝的心思吗？他在思考什么呢？

活动一：学生思考问题并分小组讨论：汉武帝闷闷不乐，我们能找到一些好消息安慰一下他吗？教师结合学生的学习成果，并展示相应的图片资料，和学生一起完成。

材料1：至武帝之初七十年间，国家亡（无）事，非遇水旱，则民人给家足。都鄙（边境）廪庾（粮仓）尽满，而府库余财。京师之钱累百巨万，贯朽而不可校（计数）。太仓之粟陈陈相因，充溢露积于外，腐败不可食。

——《汉书·食货志》

问题：汉武帝时期怎样的经济状况？

课堂归纳：社会经济得到恢复，国库充实，人民富足。

活动二：学生成果展示，教师引导总结。武帝的烦恼——大一统思想提出的背景。

材料2：古者诸侯不过百里，强弱之形易制。今诸侯或连城数十，地方千里，缓则骄奢易为淫乱，急则阻其强而合从以逆京师。

——《史记·平津侯主父列传》

参考观点：诸侯势力威胁中央

材料3：当此之时，网疏而民富，役（役使）财骄溢，或至兼并；豪党之徒，以武断于乡曲。宗室有士，公、卿、大夫以下，争于奢侈，室庐、舆服僭（超越本分）于上，无限度。物盛而衰，固其变也。

——《史记·平准书》

参考观点：土地兼并，豪强势大

材料4：匈奴绝和亲，攻当路塞，往往入盗于汉边，不可胜数。

——《史记·匈奴列传》

参考观点：匈奴威胁，边患不止

参考书目：《汉武帝传》

活动三：阅读分析材料，教师引导给出参考观点及书目。

设计意图

学生通过汉武帝统治下的长安城，以身份模拟成为当时当地的一员，并在这个基础上展开学习，激发学生的兴趣，同时能让学生更好地掌握相关的知识，同时提升了历史批判性思维能力和培养了核心素养。

（二）董仲舒与新儒学

教师：了解了武帝闷闷不乐的原因后，我们继续回到汉朝，看看接下来会发生什么情况。

材料5：公元前134年，武帝召集各地贤良方正文学之士到长安，亲自策问。你也在召集的队列之中。你看见汉武帝始终眉头紧锁，闷闷不乐，若有所思。正当你冥思苦想，欲为君分忧之时，你旁边的一个大臣掏出了一个册子递给了武帝，封面上写着《举贤良对策》，武帝看后龙颜大悦。

问题：这个大臣最有可能是谁？册子里会写些什么内容？这个人是谁？大家能猜到吗？

材料6：董仲舒：中国古代著名的思想家（前179—前104），广川人（今河北景县人）。他把道家、法家、阴阳五行家一些思想糅入儒家思想中。

问题：那么，董仲舒的《举贤良对策》里会写些什么呢？各个小组再讨论一下，发挥一下各自的才能，来个大猜想吧！

5分钟小组讨论

教师：又到了收获的时间，大家都很踊跃，我们以抢答的形式展示一下成果吧！

课堂归纳：归纳董仲舒的主要思想主张

材料7：《春秋》大一统者，天地之常经，古今之通谊也。今师异道，人异论，百家殊方，指意不同，是以上亡以持一统；法制数变，下不知所守。臣愚以为诸不在六艺之科孔子之术者，皆绝其道，勿使并进。邪辟之说灭息，然后统纪可一而法度可明，民知所从矣。

——《汉书·董仲舒传》

参考观点：“春秋大一统”“罢黜百家，独尊儒术”

材料8：“天子受命于天，天下受命于天”，“与天同者大治，与天异者大乱”……“国家将有失道之败，而天乃先出灾害以谴告之，不知自省，又出怪异以警惧之，尚不知变，而伤败乃至”。

参考观点：“君权神授”“天人感应”

问题：董仲舒的这些主张的魅力在哪里？为什么能让龙颜大悦呢？

活动四：阅读材料，思考问题。

课堂归纳：董仲舒思想主张的目的和作用

主要内容	目的和作用
大一统	加强中央集权
罢黜百家，独尊儒术	以思想的大一统维护政治的大一统
君权神授　天人感应	加强君权和抑制暴政缓和阶级矛盾

设计意图

学生在小组合作学习中了解董仲舒，并进一步了解新儒学的具体内容。培养学生的归纳概括能力和学生的小组合作意识，培养学生的时空观念和史料实证等核心素养。

侯少华：主题教学，以史育人

个人简介

侯少华，男，2003年湖南科技大学历史教育专业毕业，高中历史高级教师，现为东源中学教师。黄洪章名教师工作室学员（2014—2017）。曾获得河源市普通高中学科中心教研组历史科成员、东源县高中历史兼职教研员、东源县初中历史中心教研组成员、东源县优秀学科教师（3次）、东源县学科带头人、东源县教学能手、东源县优秀班主任（3次）、河源市优秀教师等荣誉奖项。多次参与河源市期末考试命题。主持市级、县级课题各1项，多篇论文发表与获奖。

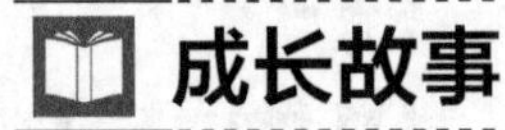

一路走来一路精彩

2003年仲夏，正是一年中最热的季节，我坐上了南下广州的火车，从广州坐大巴辗转到河源，还要再坐一趟公交才能到我将要任教的学校——东源中学。记忆中，那时的黄沙大道还是砂石路面，路的两边种满了金灿灿的稻子。我从未想到距离市区只有5公里的县城会如此荒凉，我的心顿感哇凉哇凉的，在改革开放的广东，居然会有这么落后的县城。但是我来了，我成为了一名高中历史教师。

一、讲台拼搏

那年，东源中学在湖南和江西招聘了20多位应届本科毕业生，极大优化了教师年龄结构和知识结构，整个教师队伍平均年龄在30岁以下，充满了活力和激情。开学工作会议时宣布，我除任教5个班级历史教学工作外，还要担任高一（5）班班主任。同批来的青年教师只有两人需兼任班主任，这让我既感觉到压力，又在心里窃喜。

开学第二周，我上了人生的第一次公开课，面对70多位学生和十几位听课的领导和老师，害怕、紧张、担心、激动，五味杂陈。当下课铃响时，我才恍悟，公开课结束了。我现在依稀记得我上的公开课是《鸦片战争》，自己感觉不是很好，但好在听课的领导很满意。这次还算成功的公开课，给了我极大的信心，从此三尺讲台就成了我挥洒历史人生的重要舞台。2005年开始，我连续三年带毕业班。这三年当中，第一年我带艺术班，第二年我带复读班，第三年我带F班，F班是我们学校最好的班级。我记得我带F班的那一年，写完了5本教案本，几乎每天备课时间都超过晚上11点。带毕业班真是锻炼人，这三年毕业班的“折磨”，让我迅速成长为学校的青年骨干教师，教学能力得到了教育局、学校领导和科组同人的一致认可。

我也因此被评为“县优秀学科教师”“县教学能手”“县历史学科带头人”。2009年，广东省名师送教活动中，我与湛江历史名师梁哲校长同课异构，执教《经济体制改革》一课，全市历史骨干教师参与听课。在随后的评课活动中，我的课得到了梁哲老师、市教研员和全市历史教师的高度评价。

二、教研提升

从教以来，我始终认同“教研活动是载体，教改教研是先导”这一教育理念，主动承担学校的教研重任，得到学校和县、市教育局的认可。2009年以来，我一直担任学校历史学科教研组组长，2010年至2015年被河源市教育局聘为“河源市普通高中学科中心教研组历史科成员”，2012年9月至今被东源县教育局聘为“高中历史兼职教研员”，在所从事的教研工作中积极探索，勤于实践，做好新课改的模范带头人。

在主导科组教研活动的同时，我积极开展课题的研究与实施。2012年，我主持了市级科研课题“自主互动生成知识与高效历史课堂教学模式研究”（项目编号：HY12-0704003），该课题已于2015年12月顺利结题，课题成果质量好，得到了县、市教育专家的一致认可。课题的研究成果具有较高的应用价值，激发了学生学习历史的积极性，培养了学生团队合作精神，提升了学生的成绩，让授课班级的学生受益匪浅，我所教的班级每学期的平均分、优秀率都居年级同层次班级的前列。

2017年，教育部颁发了《普通高中历史课程标准（2017年版）》，为加强对新课标的研究，带动和培养青年教师快速成长，我于2017年5月成功申报县级课题“新课程背景下高中历史教学目标设计案例研究”（项目编号：DYGH2016024），该课题已于2019年7月顺利结题，并获得“良好”等次评定，当期共56个课题，获得“良好”以上等次的不超过7个。在结题汇报时，鉴定专家、正高级教师向敏龙老师对本课题所开展的活动及取得的成果高度肯定，并特别强调本课题开展过程中所取得的经验可以在全县进行推广，以让全县历史教师尽快理解新课标、运用新课标指导自身教学教研活动。

在完成日常教学教研任务的同时，我也有意识地将工作中的一些感悟和困惑记录下来，在周末或晚上闲暇时整理成论文。从教以来，我有多篇教学论文获奖或发表。论文《带着镣铐跳舞的高三历史教学——近三年广东高考历史试题分析与高三历史有效教学的思考》于2012年7月获河源市中小学教师教学论文评比一等奖。市级课题相关论文《以学习共同体为载体，打造高效历史课堂——以“北魏孝文帝改革和民族融合”相关教学为例》于2015年6月发表在《中学政史地》上。课题相关论文《论学习共同体建设与高效历史课堂的关系——以“经济体制改革”为例》于2015年8月获河源市中小学教师教学论文评比二等奖，这篇论文是我在整理2009年与梁哲老师“同课异构”所上《经济体制改革》时有所感悟，最终写成的。县级课题相关论文《基于核心素养导向的高中历史教学探究》于2018年2月发表在《名师在线》上。

为提高自身的教学教研水平，更新教育理念，我也积极参加各级各类培训：2003年10月到重庆参加了《普通高中历史课程标准（实验）》（2003年版）新课程国家级培训；2012年到华南师范大学参加广东省中小学骨干教师省级培训并顺利结业，随后，到云浮中学练翠婷广东省名师工作室跟岗学习。这次培训和跟岗对我的市级课题的持续研究及最终顺利结题产生了重要作用。2015年，我有幸被推荐到龙川一中黄洪章河源市名师工作室跟岗学习。这次学习，黄洪章老师、刘伟华老师的示范课和讲座都对我有很大启发，我开始摒弃教学中的浮华，寻找教育的本真，实现了教学生涯的二次成长蜕变。

学生的能力并不仅仅体现在学习成绩上，教师还应有意识地引导学生其他方面的能力训练。教学之余，我指导的学生在各级各类竞赛中屡屡获奖。2018年我指导的学生郭俊豪漫画作品《快要垮掉的叠罗汉》在《中学历史教学》编辑部和“中学历史教学园地”网站联合举办的“园地杯”第三届历史漫画大奖赛中获得“一等奖”。2019年我指导的学生李钰源、王倩儿荣获河源市乡土历史文化资源手抄报比赛高中组“一等奖”，还有6位同学获得二、三等奖。

由于各方面工作得到了领导和同事的认可，我在2018年被学校推荐参评“河源市优秀教师”并顺利当选。

三、班主任历练

作为教师，就要做班主任，没有班主任的经历，一定是一种遗憾。我参加工作以来担任了12年班主任。在班主任工作中，我谨记陶行知先生“捧出一颗心来，不带半根草去”的教育信条，全身心地投入教育教学工作中，耐心细致对待每一个学生，因而在学生当中树立了良好的师长形象，使学生“敬而亲之”。我热爱学生，关注学生的人格发展和心理健康状况，注重培养学生的自主管理和自主学习能力；教会他们如何交友和处理好人际关系，帮助他们树立正确的世界观、人生观和价值观；帮助他们在集体中找到自己的位置，引导他们关心集体。在担任班主任工作时，我还特别重视班干部的选拔和培养，让班干部成为班主任工作的得力助手，很多班干部在班务工作中都能起到独当一面的作用。我始终把“育人”放在头等重要的位置，坚持潜移默化地去教育和感化学生。在多年的班主任工作过程中，我不断学习和总结经验，形成了独特的工作风格。

12年的班主任工作，让我明白了一个道理：一个教师只有把班主任工作作为一项事业，把班主任工作作为一种艺术，你的教育才能成为事业，你的教育才能充满艺术，你才能永葆对教育的激情和不懈的追求。

由于班主任工作出色，我所带班级每学期都获得校级以上表彰奖励，我也多次被评为学校“优秀班主任”，三次被评为东源县“优秀班主任”。同时，我还被学校德育处聘为班主任校本培训指导老师。

从风华正茂到两鬓飞霜，走过了职业的迷茫期和倦怠期，无数次的自省，让我深深明白“吾生也有涯，而知也无涯”这一道理。只有将有限的生命，投入党和人民的教育事业中去，我们的教学生涯才会一路精彩！

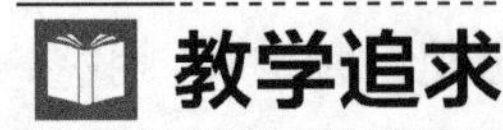

教学追求

跳出传统桎梏，探寻教育真谛

——践行主题式教学，实现高中历史教材的有机整合

长期以来，我们很多教师习惯于以“课”为单位，照课讲课，造成了知识体系的割裂，不利于学生对知识网络的把握。2020年秋季，统编必修教材《中外历史纲要》在广东省普通高中使用，原来高中两年的教学内容被整合到了《中外历史纲要》上、下册两本书中。日常教学中，很多一线教师反映最多的问题是统编历史知识内容多，每一课的篇幅都很大，一周两个课时难以完成教学任务。课时紧、任务重，这就要求教师大胆处理教材，进行教材的重构。在使用统编教材的两年实践中，我和科组老师一起逐步探索出了使用主题处理教材，实施主题式教学的一些课例，也找到了实施主题式教学的一些方法。在强调学生核心素养培养的当下，探究基于主题教学的历史教材整合策略，是所有高中历史老师面临的重要课题。

一、主题式教学主流定义及其意义

主题教学是指围绕一定的主题，充分重视学习者个体的经验，通过与多个文本的碰撞交融，在学习过程的生成和理解中实现课程主题意义建构的一种开放性教学。主题式教学提倡创设贴近主题的真实教学情境，使知识的学习具体化、形象化，教师通过任务驱动让学生的学习目标化，助力学生形成严谨的思维逻辑，提升学生的学科核心素养。

二、高中新编历史教材使用的难点

在使用高中统编历史教材的两年实践过程中，我们可以清晰地看到统编历史教材在践行立德树人根本任务和培养学生核心素养的鲜明特色，但在具体教学使用中也存在一些新的困难和挑战。

（一）教材内容繁多，而课时明显不足

统编必修教材《中外历史纲要》实际上是将以往高中三本历史必修教材的内容编成了上、下两册，知识覆盖面广，每一课的知识容量都非常大，这样课时就明显不足。统编必修教材《中外历史纲要》上册有10个单元共29课，29课中50%以上超过一个主题，单一节课中有些甚至有4个子目。例如，上册第17课《寻求国家出路的探索与列强侵略的加剧》就包含4个子目：太平天国运动、洋务运动、边疆危机与甲午中日战争、瓜分中国的狂潮。四个子目的内容以往都是分成两个课时授课的。由于大部分学校一个学期默认教学新课的时间为18周，每个周2节课，一个学期共计36个课时，除去期中和期末考试及评卷，最多32个课时，因此要完成29课内容，意味着教师每课时要完成1课，必然导致教学时间紧张。如果按照逐课讲授的传统教学模式，不仅难以完成教学任务，而且教学效果也难以保证。这就需要教师跳出教材桎梏，提炼合适主题，科学整合教材。

（二）侧重通史，淡化专题，不利于主题的提炼与学习

现行高中统编历史教材是按照通史时序将同时期的政治、经济、文化等在一个单元里呈现，有利于学生时空观念的培养，但弱化了以专题为单位的历史叙述，不利于教学中主题的提炼。例如，旧版岳麓版教材历史必修一第一单元《中国古代的中央集权制度》就可以直接提炼本单元主题为“中央集权制度的建立与演变”，但在统编必修教材《中外历史纲要》上册中，这一主题内容却分散在第一到第五单元9课内容当中。基于此，教师就需要借鉴旧版教材的优点，结合学情，对现有教材进行整合，以提炼出合适的教学主题。

三、基于主题式教学历史教材整合的路径探索

（一）科学提炼主题是教材有效整合的前提

主题式教学的关键在于主题，合适的主题是课堂教学的灵魂，可以连贯课堂教学，提升课堂质量。科学提炼主题需要遵循以下几点：第一，认真研读课程标准。课程标准既是教材编写的依据，也是有效教学的重要依据。教师应在认真研读课程标准基础上确定教学主题。第二，联系单元主题。教材编者会有意识地将有关联的每一节课放到一个单元，所以在提炼每一课主题时要结合单元的主题，尽量让单课的主题与单元主题有机结合，这样有利于学生完整知识结构的形成。第三，考虑时代特征。时代特征是对一个阶段历史事件和历史发展规律的总结，在提炼教学主题时必须考虑时代特征。否则，所确定的主题就会失去它的价值。第四，基于学情。学情是教育的起点，高中生在经历了三年初中系统的学习后，已经具备一定的学科素养和思辨能力，教师在确定教学主题时一定要考虑学情，这样提炼出来的主题才可能切合学生实际。

“从隋唐盛世到五代十国”一课是第二单元的第6课，通过阅读教材和研读课程标准可以发现，本单元时间跨度从220年东汉灭亡到960年北宋建立前，主要叙述了三国两晋南北朝的政权更迭、隋唐的兴亡与国家分裂、隋唐的制度建设、三国至隋唐的文化，据此将本单元的主题可以确定为：中华文明的鼎盛。通过研读课程标准和教材可知，第6课重点讲述了隋唐的兴亡、五代十国与国家分裂，上承第5课“三国两晋南北朝的政权更迭与民族交融”，下启第7课“制度的变化与创新”、第8课“三国至隋唐五代的文化”，是中国古代历史发展的一个重要时期。结合这一时期的社会经济持续快速发展、社会秩序基本稳定及后期国家分裂，可以提炼本课主题为：封建王朝的鼎盛与割据。

（二）依托主题进行教材重构是有效教学的必由之路

由于统编高中历史教材普遍存在课时容量过大的问题，所以，对教材去粗存精进行重新整合就显得很有必要。正如叶小兵教授所说，历史教师备课时不是要细究知识细节，而是要以主题为中心对教材知识进行整合，教材知识要为教学活动、为培养学生的核心素养服务。

《中外历史纲要》上册第26课“中华人民共和国成立及向社会主义过渡”一课中包括四个知识点：中华人民共和国的成立、人民政权的巩固、开创独立自主的和平外交、社会主义基本制度的建立。岳麓版教材安排了3个课时，但统编教材需要1个课时完成。这就要求教师必须基于主题去进行教材整合，舍弃与主题关系不大或初中已经熟练掌握的内容，真正做到突出重点，达到培养学生核心素养的目的。

在备这一课时，笔者发现，这一时期就是中国由新民主主义社会向社会主义社会的过渡时期，因此提炼出的主题是“新中国的社会转型”，确定的教学重点就是新中国是如何从新民主主义社会过渡到社会主义社会的，人民政权的巩固和中华人民共和国成立初期的外交与本主题关系不大，而且学生在初中已经掌握得比较好，所以，安排学生自学这两个知识点。

（三）基于主题创设情景是教材整合的必要补充

学生进入历史情境中，才能正确思考应该怎么应对，这样就拉近了历史与学生之间的时空距离，使学生提出问题，由此展开思考，才有真正的探讨。要让学生真正理解历史，与历史对话，就需要让他们回到那个时代。但学生不可能真正穿越历史，所以，教师必须围绕主题为他们创设历史情境，帮助他们理解历史。

笔者在讲授《中外历史纲要》上册第23课“从局部抗战到全面抗战”第3子目“日军的侵华暴行”时，为便于学生直观理解这一知识点，专门播放了陆川导演的关于“南京大屠杀”的影片《南京！南京！》片段，让学生身临其境地去感受当时国人的悲惨命运和民族的苦难。学生看后都非常愤慨，纷纷表示要刻苦学习，为中华民族伟大复兴做贡献。

基于主题创设历史情境是另类的教材整合渠道，也是中学历史教学中的必要手段。教师使用得当，将起到事半功倍的作用。

综上所述，所有高中历史教师在备课时必须选取合适的教学主题，大胆取舍和整合教材，按照历史知识的内在逻辑关系去建构知识体系，明确每一板块的教学主题，精选史料，确定课堂教学的重难点，实现学生核心素养的有效提升。

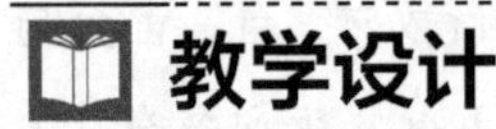

中华民族的抗日战争

一、教材分析

本单元是《中外历史纲要（上）》第八单元“中华民族的抗日战争和人民解放战争”，第23课叙述了从局部抗战到全面抗战的艰难曲折过程；第24课则分别叙述了三个战场和抗战胜利的相关史实。两课内容清晰体现了新编教材通史+专题的特点。

二、课程标准

了解日本军国主义的侵华罪行；通过了解正面战场和敌后战场的抗战，感悟中华民族英勇不屈的精神，认识中国共产党是全民族团结抗战的中流砥柱；认识中国战场是世界反法西斯战争的东方主战场，理解十四年抗战胜利在中华民族伟大复兴中的历史意义。

三、教学立意

为聚焦教学主题，这里只选用“中华民族的抗日战争”包括第23课和24课进行主题教学设计，旨在帮助学生梳理该事件的历史脉络，引导学生进行认真思考，有意识地培养学生的学科思维能力，落实提升学科核心素养目标。

如何确定教学主题？首先，概括本部分内容的关键词，并以此为主题，如本部分的关键词是“抗日战争”。其次，结合历史的学科功能，挖掘时代主题为“中华民族的伟大复兴”。最后，将关键词和时代主题有机结合，提炼出本部分教学主题为“中华民族的抗日战争与伟大的民族复兴”。

由于篇幅所限，本文主要选取“从抗战参与群体的广泛性理解中华民族伟大复兴”这一教学片段来阐述主题教学。

四、教学过程

教学片段：从抗战参与群体的广泛性理解中华民族伟大复兴

教师：同学们已经学完了1840年到抗日战争前的相关历史，大家回顾一下，在反对外来侵略时，中国政府和人民是如何应对的？

学生1：清政府都是被动应战，没做好充分准备，所有反侵略战争都失败了。

学生2：更多时候都只是清政府在反侵略，民众参与少。

学生3：民众也参与，比如说太平天国运动、义和团运动等。

教师：以上三位同学概括得都有道理，从鸦片战争到八国联军侵华，中国在反对外来侵略时更多只是政府层面在进行，民间偶有参与，但更多是自发性的，从来就没有形成政府层面主导，全体民众积极参与的广泛的反侵略局面，这也是1840年以来，中国反对外来侵略屡战屡败的一个重要原因。那今天我们学到的抗日战争还是这样吗？请同学们看以下材料，回答问题：中国抗日战争有哪些群体参与，这与以往中国反对外来侵略有何不同？

材料1：今日之事，惟有举国上下，同心一德，咬紧牙关，忍住痛泪，长保奋斗之精神，长持方升之朝气，卧薪尝胆，生聚教训。结束过去怯弱因循懒惰衰老耻辱之历史。庶足以开辟我国家民族广坦光明崭新之前途……惟民众奋起乃能救国……合四万万人之伟力，我固何有于日寇，何有于目前这艰难。

——申报1931–10–4评论《抗日救亡运动中一般国民之责任》

材料2：中国共产党的任务，就是把红军的活动和全国的工人、农民、学生、小资产阶级和民族资产阶级的一切活动汇合起来，形成一个统一的民族革命战线。这个统一战线必须由中国共产党来领导。共产党和红军是抗日民族统一战线的发起人，要成为抗日政府和抗日军队坚强的台柱子。

——毛泽东《论反对日本帝国主义的策略》

材料3：如果战端一开，那就是地无分南北，年无分老幼，无论何人，皆有守土抗战之责任，皆应抱定牺牲一切之决心。

——蒋介石《对于卢沟桥事件之严正表示》（1937年7月17日）

学生1：民众积极参与，最终推动了抗日救亡运动高潮的到来。

学生2：中共在反对日本侵略中态度坚决，是抗日的中流砥柱。

学生3：国民政府在民众的压力下转变态度，开始积极抗日。

教师：同学们总结得都很到位，说明大家能结合所学，对史料分析很精准。我们从以上材料也可以清晰看到，第二次国共合作促成了抗日民族统一战线的形成，推动中国抗日战争取得最终胜利。

设计意图

先引领学生回顾抗日战争前中国反对外来侵略的重大历史事件，让学生感悟为什么中国的反侵略战争会屡战屡败。通过三则史料，帮助学生理解抗日民族统一战线的形成是抗日战争取得胜利的根本原因，也是中华民族走向伟大复兴的强大助力。

五、课堂小结

“中华民族的抗日战争与伟大的民族复兴”是本单元教学主题，“从抗战参与群体的广泛性理解中华民族伟大复兴”教学片段很好地体现和诠释了这一教学主题。学习过程让学生深切感悟到抗日战争过程中全民族一致抗日，建立起最广泛的抗日民族统一战线，促成了抗日战争的伟大胜利。抗战的胜利又成为中华民族伟大复兴的重要里程碑。“从抗战参与群体的广泛性理解中华民族伟大复兴”主题教学的片段呈现，培养学生全面理性看待历史，践行主题教学的主旨，落实了学科育人的最终目标。

杜惠灵：
历史思维引领，实现立德树人

个人简介

杜惠灵，女，韩山师范学院毕业，中小学一级教师，现为河源市田家炳实验中学教师。黄洪章名教师工作室学员（2014—2017）。曾参加河源市百名骨干教师培训和“三名工作室”学习并获得“优秀学员”称号，获得学校先进教师、优秀班主任、十佳教师等荣誉奖项，在“一师一优课、一课一名师”活动中多篇课例被评为市级以上优课，发表市级以上论文多篇。

成长故事

且行且学，且学且思

——学思结合助推成长

陶行知说：“教育要自新，要常新要全新。”一个教师的成长不仅要勤奋学习也要善于思考，经常研究。从工作至今，且行且学、且学且思推动着我的成长。

一、用心学习，学而不厌——做一个学习型的教师

热爱教育、磨炼成长。在教学过程中，我不断地学习新的教学理论，更新教学理念，探索创新，积累教学经验，一丝不苟地完成每一项教学工作，努力提高教学艺术水平，力争精益求精。如在黄洪章老师的工作室学习的日子里，我看到了黄老师扎实的教学教育基本功、严谨细致的工作作风、埋头苦干的拼搏精神，渊博的知识、清晰的思路和较高水平的理论功底。黄老师除了在教学上认真备课、认真上课之外，还积极地进行课题研究，工作室也从市级工作室升级为省级工作室。工作室的学习经历使得我懂得了一个老师的成长离不开学习。

此后的日子，我激励自己，为了提升学生历史素养及提升历史成绩，从熟悉学生特点，到熟悉教材，再到把握宏观政策走向；从学习先进的教育教学理论，到研究高考趋向及新课程标准；经常向有经验的教师请教并在一起讨论教学问题，认真听课，吸取其他老师的先进教学技能，完善自己的教学方法；大

量翻阅资料，大量做题，认真用心备好每一节课；在课堂中以新课标为指导，充分发挥学生的主观能动性，注重培养学生的思维品质。课外，我认真学习教师成长专业书籍，如《给教师的建议》《教师专业成长》《思维导图教学法》《学历案与深度学习》等书籍；我还认真阅读与历史专业有关的书籍，如范文澜的《中国通史》、陈旭麓的《近代中国社会的新陈代谢》、蒋廷黻的《中国近代史》、斯塔夫里阿诺斯的《全球通史》等。通过学习，我的教学理念、教学经验和教学艺术水平不断得到提升。参加工作以来，有多篇论文获得市级以上奖项；曾参加过河源市百名骨干教师培训和河源市中小学“三名工作室”学习，并获得“优秀学员”称号；课例《跨世纪的世界格局》和《五四爱国运动》在广东省“一师一优课，一课一名师”活动中被评为河源市高中组市级优课。

二、用爱感化，诲人不倦——做一个关爱学生的教师

关爱学生，和风细雨。在刚刚工作的最初几年，自己对学生非常严厉，但是育人效果却不理想，在这种情况下我困惑了：俗语称“严师出高徒”难道错了吗？难道教师不应该严厉要求学生吗？在工作室学习的日子里，我看到了黄老师和工作室成员对学生的关爱，与学生打成一片，让我深受触动。原来对学生是要宽严相济，用爱感化学生，做一个关爱学生的教师，要用人格魅力来征服学生，最终做到“亲其师方能信其道”。而要让学生信任，要让学生亲近，首先就要把真挚的爱奉献给学生：当学生考试不理想时，我利用休息时间给学生讲解，对有些同学进行个别辅导；当有学生面对高考压力过大时，我会轻声细语地开解并鼓励学生；当有些同学思想偏差时，我在严厉批评指正的同时还及时地安抚他们的情绪；当学生进步时，我会在班上进行鼓励表扬。

正是这种无私而又真挚的爱，使很多灰心失望的孩子重新扬起了奋进的风帆，如2022届的美术特长班一个女生，在2022年3月单考回来后，上历史课总是在做最擅长的英语，我看在眼里，急在心里。有天上课忍不住当场指出她存在的问题，并告诫她要想上美术专业院校综合成绩是非常重要的，不能单纯地靠一两科成绩。当天晚上我及时找到该生，并轻声细语地和她进行深度交

流，了解了她的想法和她对不能上美术专业院校的担忧，特别是历史学科是她特别畏惧和不擅长的。针对她的情况，我及时为她排忧解难，并且与班主任及时交流，最终确定了单独辅导的方案。最后高考，她非常地激动和兴奋：她的历史成绩在短短三个月时间内进步了三十多分，最终被广东美术学院设计类录取。每当学生和我分享高考录取的喜悦时，我时常告诫自己“一个学生只是你诸多学生中的一个，但每个孩子却是家庭的全部”，至此我的困惑也得到了解答，作为教师不仅要严厉，更要用爱感化，用心教诲，诲人不倦——做一个关爱学生的教师才能最终赢得学生的尊重。因此，我多年被学生评为“最受欢迎教师”；在2022年第38个教师节，本人荣获学校第一届“仁爱之师——魅力之师”的光荣称号。

三、用心反思，勤学善思——做一个智慧型的教师

唐·颜真卿《劝学》：“黑发不知勤学早，白首方悔读书迟。”“勤”不仅用于学习，也适用于工作。刚参加工作时，只会看教材、教材参考书和大学课本；工作一段时间后，跟着老教师学习，开始阅读专业书籍、研究课程标准和高考真题，参加研讨会学习理论。阅读专业书籍，不仅增加了我的知识涵养，更重要的是拓展了专业内涵，让我及时了解教育教学动态，更新学科知识，提高实际教学能力。我连续多年担任高三年级历史教学，不仅有普通班而且还有特长班。刚接手特长班时心里非常忐忑，因为自己没有带高三特长班的经验。彷徨之际，我向老教师杨老师请教。她指出要在短时间内把特长班成绩提升上去，需要花费大量时间进行高考备考研究，要会抓高频考点，于是我几乎每天都对着近十年的高考真题，一个考点一个考点地研究，对着课标和考纲查找近十年的高频考点，针对高频考点会怎么考、怎么创设情境以及如何解题费尽心思。天道酬勤，我所教的特长班历史成绩得到大幅度提升，高考都取得不错的成绩。经过几年的磨炼，对于特长班的教学，我现在已经能够编制出一套适合特长班短时间内提分的教学案。

“学而不思则罔，思而不学则殆。”我深知没有思只靠勤是无法使自己成长的。在学习中需要反思，反思自己通过阅读获得了什么，有哪些需要改进的

地方。如在读《给教师的100条建议》时，苏霍姆林斯基的一句话："真正的学校应当是学生积极思考的王国。"他指出在课堂上需要做的两件事：一要教给学生一定范围的知识，二要学生变得越来越聪明。我读了这些话也在不断地反思：在教学中有没有给予学生充分的自主权，有没有让学生多思考多发言，学生的主动性有没有得到充分发挥，学生的思维能力有没有得到提升等一系列问题。在教学中需要反思，在课前反思、课中反思、课后反思，不断锤炼课堂，最终经验和反思紧密结合才能成长起来。课前分析学情，思索学生已有知识技能学情，思考教学方案的最佳设计；课中思考教学中可能发生的问题及处理方案；课后反思教学设计的有效达成度并分析学生的得与失，探讨可改进之处、梳理经验与教训。勤和思还体现在勤于动笔，把学和教的思考以随笔或反思的形式写下来。如在"一周一听课"的活动中，将学到的新的教学理念、教学方式等内容写下来；再如将每周其中一节课的闪光点或不足之处写下来，这些都可在学期末汇总成册进一步思考。学思相行，使我从感性认识提升到理性认识，助我不断成长。

成长是一首绵延不断的长歌，每一个小小的休止符号都预示着下一段美妙音乐的开启。且行且学，且学且思，学思结合，书写我的人生乐章。

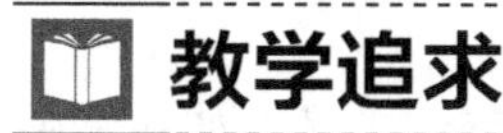

教学追求

历史思维引领，实现立德树人

新时代教育要在"培养什么人、怎样培养人、为谁培养人"上着力，我始终秉承着教学任务是为社会主义建设培养有用人才这一理念，以历史唯物主义思维引领教学，实现立德树人的目标。

一、不断学习，充实自己，使自己拥有正确的社会主义价值观

当今社会环境纷繁复杂，国际反华势力不断地渗透，冲击了一些人原有的价值观。在此背景下，高中历史教师首先要拥有正确的社会主义价值观，才能引领学生形成正确的价值观和世界观。基于以上认识，首先我认真学习习近平总书记《论坚持和发展中国特色社会主义》《论马克思》《论坚定理想信念》《论中国精神》等文章，形成了为实现共产主义这一远大理想而服务的信念。其次，认真研读《普通高中历史课程标准》，课程标准明确了普通高中历史课程通过发挥历史教育的功能，使学生尊重历史，追求真实，吸收人类优秀文明成果，弘扬爱国主义精神，陶冶关爱人类的情操。学生通过学习历史，增强历史意识，汲取历史智慧，开阔视野，了解中国和世界的发展大势，增强历史洞察力和历史使命感。

二、以马克思主义唯物史观为引领，培养学生历史思维，落实历史核心素养

高中生的辩证逻辑思维发展比较迅速，具有更高的抽象概括性、反省性和监控性特点，但只是趋于优势地位，并非达到完美的程度。针对学生这一思维特点，在历史教学过程中坚持运用历史唯物主义培养学生的思维品质，使学生在看待、分析和处理问题时更加全面、更加客观、更加符合实际、更加智慧、更加接近事物本身的客观规律。

在历史教学中，根据教学内容和学情慢慢地渗透历史唯物主义。如在《中外历史纲要（下）》第一单元“古代文明的产生与发展”中，关于文明的产生，可以摘录斯塔夫里阿诺斯《全球通史》部分材料，分析农业和畜牧业对文明产生的影响。在学生完成的基础上，教师总结为“农业、畜牧业的产生（生产力发展）→社会分工（生产关系出现）→剩余产品（生产力进一步发展）→私有制、阶级、国家、文字出现（文明产生）”的发展线。农业和畜牧业的产生是文明产生的前提，社会分工是生产力发展的结果，而文明产生则是经济发展的结果，从文明产生过程可推出生产力决定生产关系、经济基础决定上层建

筑的结论。通过分析史料，理解人类迈向文明的前提是农耕畜牧的产生；通过对文明产生过程的分析，帮助学生理解“生产力决定生产关系，经济基础决定上层建筑”这一唯物史观。

又如《中外历史纲要（上）》第20课“北洋军阀统治时期的政治、经济与文化”一课，学习任务是“从北洋军阀统治时期的社会状况，认识当时的新旧冲突”，可用“1869—1919年我国民族工业发展情况”“剪辫图”，思考辛亥革命后经济和社会领域发生的变化，认识辛亥革命给民族资本主义带来了短暂的春天，人们剪辫易服，社会生活上发生了重大的变化，同时利用“1912—1917年中国国内部分大事”表和教材史料《军阀割据形势图》，使学生了解军阀派系、代表人物和势力范围等，得出当时政治分崩离析与军阀混战的结论。教师总结概括北洋军阀统治时期的社会状况，认识当时的新旧冲突。

以上史料含有地图和年表，可落实时空观念素养。通过分析上述史料，使学生理解“一定的社会形态是一定的经济基础和一定的上层建筑的统一，经济基础的性质决定上层建筑的变更，上层建筑又服务和反作用于经济基础”这一唯物史观，达到培养学生历史思维、落实历史核心素养的目的。

在新教材中此类教学例很多，都可以根据教学内容和学情渗透唯物史观和历史核心素养，培养学生的辩证逻辑思维，从而使学生在看待、分析和处理问题时，会更加全面、客观，接近事物本身的本质。

三、立德树人，培养学生家国情怀，落实历史核心素养

当今世界正经历百年未有之大变局，我国发展所面临问题增多。作为一线教师要有高度的责任心，着力培养学生家国情怀，培养合格的社会主义建设者和接班人。

在课堂教学中，我们可以灵活地根据教材结合“四个自信”进行教学。如《中外历史纲要（上）》第25课“人民解放战争”一课时，选取中共在农村与城市的表现两个具体方面的例子，阐释中共军事战争胜利背后的民心所向，从中帮助学生理解中共的初心和使命，明白中国共产党最终掌握政权是历史的选择，是人民的选择；在《国家制度与社会治理》第3课“中国近代至当代政治制

度的演变”这一课中，可以呈现中国共产党井冈山时期、抗日战争时期、解放战争时期的政权建设，概括其相同点，结合第一次全国政治协商会议的召开，区分中华人民共和国与国民党政府之间的本质差异，认识到中共是真正代表中国最广大人民的利益，让学生清楚中国走有特色的社会主义道路是建立在深厚的历史渊源和广泛的现实基础上的，帮助学生树立社会主义道路自信和制度自信。又如，如何理解中国的社会主义道路和与之相向的资本主义制度的本质，需要向学生解释并加以区分，可在《中外历史纲要（下）》第9课“资产阶级革命与资本主义制度的确立”教学时，揭露出资本主义制度的本质，以当今美国四处发动战争为例讲清楚美国制度的运作，让学生明白美国政府的美国政客与军火商之间的密切关系，在金钱政治的演化过程中，美国形成了由军方、军火商、国会议员、国防科研机构、智库等组成的军工复合体；再联系当今美国四处围堵中国的国际形势，引用毛主席的文章《丢掉幻想，准备斗争》一文，揭露美国资本主义制度的本质是资产阶级专政，为夺取利益而发动侵略与战争，资本主义制度的实质是维护资产阶级利益，今天其在全球的扩张仍带有掠夺性和扩展性。通过这些课程的学习，学生从中对比从而能够树立正确的价值观，树立社会主义道路自信和制度自信。

长期以来，由于西方开展意识形态渗透，帮助学生树立文化自信是教师的重要任务之一。历史教师可以在教学中适时地根据课文内容，汲取我国优秀传统文化的养分，彰显出中国特色社会主义理论深厚的传统文化底蕴。如学习《文化交流与传播》第1课“中华优秀传统文化的内涵与特点”，可以节选《论语》《礼记》《尚书》《管子》部分史料，让学生了解“以人为本、民本思想、天人合一、道法自然”的民族精神内涵，明白中国传统文化中的“重民”“安民”“富民”的治国智慧，有“以和为贵”的和谐观念，有“革故鼎新”“因时而变”的创新精神，有“天人合一”的自然观等。在完成“认识中华优秀传统文化的价值”这一学习任务时，节选《国际锐评》中有关中国抗击新冠疫情的材料，使学生理解我国的抗疫精神，与中华民族长期形成的特质禀赋和文化基因一脉相承，是爱国主义、集体主义、社会主义精神的传承和发展，体现了中华文化的传承性和创新性，是中华文明延绵不绝的秘密所在。通过这些历史课程的学习，学生从中树立文化自信，能够在复杂多变的国际环境中保持初心，不被西方国家瓦解我们的主流意识形态。

“思维引导，立德历史”，这是我的教学主张。以历史唯物史观思维引领，以立德树人为历史课程的根本任务，让学生认清历史发展规律，形成实事求是的科学态度和正确的世界观、人生观、价值观和历史观，把学生培养成新时代的现代化人才。

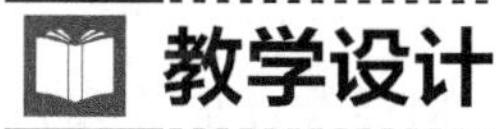

教学设计

茶叶与鸦片的碰撞

——两次鸦片战争的根源分析

一、教学目标

（1）全面认识两次鸦片战争背后蕴含的“危”和“机”，学会客观全面评价历史事件，反思其对中国的真正价值在于“中国必须近代化”。

（2）通过探究两次鸦片战争爆发的原因，从多个角度理解鸦片战争的影响，培养学生史料实证、历史理解能力，落实历史核心素养。

（3）通过学习反思鸦片战争中国战败的根源，认识到封闭的危害性，激发学生与时俱进的创新思维、爱国热情，培养社会责任感，最终实现立德树人的目标。

二、设计思路

本课设计通过时间轴、历史地图培养学生的时空观，通过不同的史料解释培养学生分析材料和归纳概括的能力，通过设置开放性、探究性问题等培养学生的历史辩证思维，完成历史学科核心素养的落实，实现立德树人的价值导向。

三、设计方案

材料1：18—19世纪经济全球化突出表现为市场的全球化。在19世纪中国被卷入全球化的过程中，茶叶贸易和鸦片贸易起到了非常关键的作用……中国主要通过茶叶和鸦片等商品同世界发生经济关联，但最终的结果是成为列强的牺牲品，并导致中国19世纪的全面危机。

——仲伟民《茶叶和鸦片在早期经济全球化中的作用》

教师：中国通过茶叶和鸦片等商品同世界发生联系，但最终却成为列强的牺牲品，并导致了中国19世纪的全面危机，“天朝”最终崩溃了！这场茶叶与鸦片的较量，如何引发中国与世界的碰撞？又如何导致19世纪中国的全面危机？

活动一：从“帝国与天朝的碰撞”中理解鸦片战争的根源。

材料2：英国打开中国大门的主要目的是要扫除中国设置的经商障碍，导火线是鸦片贸易。17世纪前，中国人对西方的商品不太感兴趣，英国人不得不对中国人支付大量黄金和白银。为了解决这一问题，到17世纪，欧洲水手将吸食鸦片的恶习传入中国，随即便从各港口迅速蔓延，中国人对鸦片的需求解决了英国支付中国商品的货款问题……而到19世纪中叶，当中国人试图强行禁止鸦片交易时，便爆发了第一次鸦片战争。

——斯塔夫里阿诺斯《全球通史》

材料3：到18世纪末19世纪初，英国商人进口中国的商品中，仅棉花一项，每年运进中国的白银达400多万两。中国对英国出口的茶叶、土布、生丝也与日俱增……19世纪40年代，大航海时代已开启三百余年，西方的商品货币、坚船利炮、冒险商人和传教士早已来到东方，世界的政治、经济和文化格局发生了根本变化，而清政府仍然沉迷于唯我独尊的朝贡贸易体系之中，闭关锁国，不能抓住中西贸易的机遇达到富国强兵的目的。

——赵毅《鸦片战争前中国的国际处境》

材料4：当中国人实行一种激烈的禁烟运动而使危机加剧的时候，战争果然就来到了。

——马士《中华帝国对外关系史》

活动二：阅读材料，回答问题：

问题1：指出三则材料认为战争的起因分别是什么？各自从什么立场出发？

问题2：假如没有林则徐的禁烟活动，是不是就不会发生中英冲突？为什么？

活动三：小组活动。如果你来观察这场战争，你认为这场战争的出现是历史的必然还是偶然？

课堂归纳：当西方国家迈进工业化时代时，古老的中国仍固守在传统的社会中，对外在的剧烈变化浑然不觉。在工业革命后英国迫切需要广阔的海外市场，但对华贸易中由于英国无法取得优势地位，只能依靠非法的鸦片走私来扭转贸易逆差。鸦片战争是因英国向中国走私鸦片而引起的，其性质不是通商战争，也不是“文化价值冲突”，而是英国发动的保护毒品走私贸易的非正义战争。

设计意图

通过相关史料帮助学生理解“工业革命”“殖民扩张”“自然经济”“闭关锁国政策”“出超”“逆差”“鸦片走私”“虎门销烟”等历史概念与鸦片战争爆发原因之间的逻辑关系。问题探究和小组活动激发学生批判性思维，认识“无论是经济冲突还是法律纠纷都不能成为发动侵略战争的理由”，由此认识到英国侵略的本质，学会透过现象看本质的能力。

核心素养落实：通过展示“对鸦片战争爆发的原因的不同看法”的相关史料，培养学生“孤证不立”的史料实证素养，进而深刻认识“鸦片战争的性质不是通商战争，也不是‘文化价值冲突’，而是英国发动的保护毒品走私贸易的非正义战争”。

通过小组讨论，用“唯物史观”指导学生认识鸦片战争是工业革命的必然结果，落实“唯物史观”历史核心素养。

黄　茜：

问题成链条，学习有深度

个人简介

黄茜，女，中南财经政法大学人文学院中国近现代史专业毕业，硕士研究生。现为龙川县第一中学教师。黄洪章名教师工作室成员（2014—2017）。长期担任高三教学，高考成绩突出。多次荣获学校高考教学评优一等奖，先后获得市级解题能力二等奖、国家级电视教学比赛三等奖等奖项。参与市级课题研究，在专业期刊上发表论文多篇。

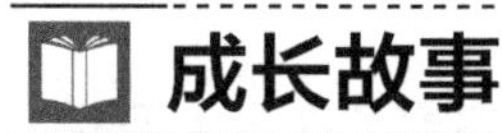

成长故事

苔花如米小，也学牡丹开

我，是一个普通的高中历史老师，十多年前偶然间走上教师这条路，开启了尽心尽力尽责的教师生涯。

一、偶然的选择

读研时，不经意翻阅到泰戈尔有关教育的主张，说“教育的目的就应该是向人传送生命的气息”，意思是教育应该从尊重生命开始，使人性向善，使人胸襟开阔，使人唤起自身的美好和善良。苏联著名教育理论家和教育实践家苏霍姆林斯基也有类似的表述：“教育首先是关心备至地、深思熟虑地、小心翼翼地触及年轻的心灵。教育者必须具备一种对美的精细感觉，必须热爱美、创造美、维护美。”读了几十年的书，那一刻才悟出教师是人类灵魂工程师的真正内涵，认识到教育是触及灵魂深处的事业。于是带着美好的憧憬，还有些许神圣的信念，毕业后我很自然地选择了教师这一职业。

二、角色的转换

理想是美好的，现实却是骨感的。我很清楚地记得第一次走上高中课堂那一刻，有些忐忑，有些紧张，因为自己仅有的上课经验是读研时导师的上课模式，高中课堂是怎样的，有点懵懵懂懂的。那时就职的学校正在迎接“全国示范性高中”的检查，我是新教师，自然而然地要承担起各式各样公开课的教学活动。在一次评课活动中，有位前辈指出我的教学不是面向高中生而是针对大学生，基本上否定了我的课堂，形势很严峻。当时的我觉得自己很委屈，伤心得哭了，认为自己辛辛苦苦的努力全白费了。虽然如此，路还得自己继续摸索着走下去，凭着自己对教育的满腔热情和一股不服输的干劲，我开始了漫长的探索之旅。

要当人师，先做学生，学会学习。幸运的是当时的我遇到了许多优秀的前辈，他们给了很多有益的指导，告诉我多听课多揣摩，领悟经验丰富的教师们的课堂模式，再对比自己的课堂找出其中的不足，然后结合实际继续打磨。这样现学现用，进步确实比较快。但我还显不足，于是常邀请我家先生（他也是同校的老师）听课，要求指出课堂的不足，比如流畅度如何，语言表达是否清晰，主干知识是否讲明白，等等。这样的努力，效果慢慢显现出来。同行们逐渐认可我的课堂。

我不是师范专业，要做好一名教师，还利用课余学习了心理学和教育学。大师们说教育的技巧在于抓住学生的上进心，若是学生自己不求上进，不知努力，教师作为外力渗入，是很难培养学生的好奇心和求知欲的。基于此，我在教学实践中要求自己要有一个关爱学生的心灵，要求自己拥有一双不带偏见的眼睛去发现、欣赏学生的优点，从而激发学生的上进心。以此为前提，再帮助学生树立目标，鼓励学生克服困难，坚定自己的信念。同时，要求自己换位思考，同样的问题，如果自己是学生，会怎么思考、怎么解决。只有始终不忘自己曾经是孩子的人，才能成为真正的教师，才会真正拥有一颗善良的心和一双发现美的眼睛，从而能真正激发学生的潜能。

时间是最好的验证师，我就这样逐渐形成了具备自己教学风格又适合高中生学习的课堂风格，并且赢得了学生的好评和赞扬。成绩也慢慢显现出来，同事笑称我是一等奖专业户。

当然，我心中明白，自己如同蹒跚学步的幼儿，一切才刚刚开始……

三、艰难的蜕变

作为人师，常常教导学生要融会贯通，其实老师最应该做到融会贯通，唯有如此才会有深入浅出的课堂。要做到融会贯通，教师必须有丰富的知识储备，否则讲起课言之无物枯燥无味，学生听来味同嚼蜡毫无兴趣。学生心目中的理想老师是博学多才的，琴棋书画、政经文史哲了然于心，如同孙悟空样样能变、样样精通。所以老师必须进行知识更新，教到老学到老。于是，努力充实自己成为当务之急。

正在寻求突破之际，广东省黄洪章名教师工作室成立，很幸运我成了第一批成员。在我心目中黄洪章老师是一位治学严谨、要求严格的老师，用一丝不苟形容很合适。有机会得到这样的老师亲自指导，必将受益匪浅。事实果然如此。

成立之初，工作室就制定了培养目标，以“读书习惯化、思考理性化、学习个性化”为理念，以课堂教学为突破口、课题研究为载体、教研结合的方式，以培养有责任担当、有教育情怀、有独立思考能力的学习型教师为最终目标。

在此目标的指引下，在导师的指导下，我们的第一批成员拟定了读书计划。先是根据喜好挑选好自己近期阅读的书，其间可以交流心得，接着必须写读书笔记，从动心到动笔是个痛并快乐的转变：动笔之初无物可写，可谓万事开头难啊；动笔之后又难以运筹帷幄，按压牙膏似的进展缓慢；做到行云如流水的确是需要功到才能自然成的。

结果自然是收获颇多。一是有了教学教研的素材储备；二是有了成为某个领域小小专家的可能性；三是以书会友，广交朋友，自己的视野更为开阔。从那时开始，我养成了睡前必须看书的习惯，读书笔记也写了厚厚的一大本。

有了一定的知识储备，思考问题的角度会更全面些，可以就某个问题形成自己的判断力。这样的教师也可以站在更高的层次上更好地引导学生，从而达到教研相长的目的。有了自己的思考和判断力，教师才能引导学生学着思考。我们的教育，不是让学生去记住别人的思想，而是让学生本人学会独立思考。到此时，我们的教育目标才能真正达成。

在工作室的两年，才让我真正明白教书育人的责任担当，真正体会到读书、教学、教研互相促进的快乐，可谓受益终身。

四、精神的传承

从教十几年来，最开心的事情不是得到多少奖状，而是赢得学生的信任和他们发自内心的夸奖，这是我不断前进和探索的动力。为了不辜负学生的信任，每一节课，我都要作精心的准备，训练学生基本能力的同时，尽量让他们感受历史的魅力，得到美的享受，在轻松愉悦中掌握历史知识，形成属于自己的个性化学习方法。

付出终有回报。回报不是学生们高考捷报传来，而是乐于他们在人生十字路口作出正确的选择，在自己的岗位上努力工作，迎接时代赋予他们的责任，正如他们的老师一样，“苔花如米小，也学牡丹开”。而我，一位普通的高中历史老师，只愿在这三尺讲台上默默坚守，继续发光发热。

教学追求

问题成链条，学习有深度

教学，包括教师的教和学生的学。教师的教是为学生的学服务，历史课堂就应追求有深度的学习。从对知识的学习和掌握的程度来说，深度学习就是要对知识的理解清晰透彻，不仅知其然也知其所以然，还要知其可能然。因此，学习知识不能仅囿于教材，还要善于通过教材知识引发相关问题的思考，从而保证学习内容的科学性和完整性。比如要理解中华人民共和国成立后三十年的探索为后面的改革开放提供经验教训，得整理清楚这三十年进行了哪些有益的探索，找出相对应的史实，再以此为线索牵引出主干知识。

一、深度学习的要点

怎样的学习算是深度学习呢？我认为可以从学习内容、学习主动性和学习方法等几个角度进行把握和引导。

首先，要准确把握学习内容。深度学习要求确保知识的完整性和系统性。对知识的理解不偏不倚，准确而深刻。比如历史学习中学生常会问及“经济结构的变动”这一知识点，高考试题也常有涉及。教师在课堂设计中应该把相关的概念组成一个核心主题进行讲解。如“产业结构的变动”“工业结构的变动”“农业结构的变动”“社会阶层结构的变动”，并辅以相关题目进行练习巩固。

其次，要积极参与课堂。课堂不是为某类学生设计，而是全体学生的有效参与。要达到深度学习的状态，就必须保证学习过程的自主性。也就是说，深度学习需要给学生自由和空间。所以课堂的问题提出来后，应给予学生思考和讨论的时间，如果有必要还应故意给设计问题或相关答案留下“漏洞”，以启发学生积极思考，并以此获得相应的成就感，同时进一步激发学生学习的主动性和积极性。

再次，要有精准独到的学习方法。每个学科都有特定的学习方法，历史学科也不例外。可以说，学生学习成败及学习效果的优劣，关键在于方法的选择和应用。这是衡量深度课堂学习的一项重要指标，也是走向深度学习的必由之路。深度学习，要求学生在学习时能够对方法的应用独到而精准。这需要长期的训练和积累，一方面需要学生不断归纳总结；另一方面需要教师在课堂进行精准的指导。指导时既要有历史学科独特的方法，如定位时空、史论结合、史实说明问题等，又要引导学生学会跨学科的思维方法，如解读某个历史现象出现的原因时，可以结合政治学科的辩证法和历史唯物主义等角度思考和理解。

二、问题链条的设计

具体在课堂中如何实现深度学习呢？我认为，设计环环相扣的问题，使之形成问题链是深度学习的有效途径。

（一）历史问题链的设计角度

从教师“教”的角度。第一，用全面的、联系的眼光处理教材知识，把握历史现象之间的内在联系、提炼出一个有价值的主题，并围绕主题遵循由易到难的次序进行分层教学。第二，为学生的深度学习创设必要的条件，如问题的设计要有多向思维拓展的可能性；要有利于学生学科核心素养的涵育；要为学生的思考、探讨与交流等学习活动提供必需的时间与空间等。

从学生“学”的角度。学生的学习过程中能否依托必要的史料；学习活动是否围绕学习重点难点与疑点展开；能否在适当的历史场景中从容进行，且有多种形式的参与、交流与分享，进而完成知识体系的建构和学科核心素养的培育。

（二）历史问题链的设计原则

要适合普通高中历史类学生的认知水平。普通高中历史类学生现状是：知识面比较狭窄，提取材料信息能力较弱，主干知识和基本概念把握不准。而我们高中历史学科既要承担立德树人的教育目标，又要服务于高考这一现实。基于上述现实，问题链的设计在难度、广度和深度上，要符合这类学生的实际状况。

要有针对性和典型性。普通高中历史类学生普遍存在的问题是：对主干知识的线索缺乏长时段的动态发展认知；对重点概念理解模糊。面对此类普遍而又典型的现象，在历史课堂的教学中，教师可以通过设计相应问题对症下药，有目的有计划地循序渐进依次解决。

（三）历史问题链的设计步骤

教师根据学生的已有知识或经验，针对学生学习过程中将要产生或可能产生的困惑，将教材知识转换成为层次鲜明、具有系统性的一连串的教学问题；这些问题是围绕一个中心设计的，是相对独立而又相互关联的。

问题链是教师提升历史教学有效性的一种教学策略，意在对学生的学习过程与思维状态形成较强的导向，促进对历史知识的理解，发展学生的学科核心素养。

历史问题链的设计来源，包括对教材主干知识的梳理、对教学材料的研读与解释、对学生学习过程中可能会产生的疑惑解读等。

历史问题链的思考方向，可以是根据课标紧扣教学重点的问题，也可以是学生关注和困惑的概念性问题，还可以是能够引导学生实质性参加学习活动的问题、能够引导学生养成学习习惯和培养学科思维的问题。

问题链一般的组成，可设计成三至五个问题，问题之间有中心、有序列，既相对独立而又相互关联。从教学实践看，一节课可以只有一组问题链，也可以有若干组问题链，并形成主辅配合与呼应的格局。主问题链是对教材整体建构基础上对整节课的顶层设计；辅助问题链是新课导入问题链、重难点突破问题链、主题升华问题链等。

三、问题链条驱动深度学习的课堂组织形式

深度学习是学生学习的理想状态，深度学习的课堂是一种高品质课堂。要达到这种理想的高品质的状态，必须有特别的实施路径和方法。

分组式学习：在学习中，有些学生会对教学内容中的某个方面或某个知识点感兴趣，并由此展开对某个问题的研究。这是一种独立的研究，也是一种个性化学习。这种自然生成的研究兴致对深度学习是一个非常好的契机，教师抓住这个机会因势利导，必然能使学生的学习走向持久和深入。为此，在学生完成基本的学习任务后，教师要善于发现并激发学生的“重点”学习和研究，获取更大的进步和发展。这种深度学习的课堂实施的前提是要把握学生的关注点和兴趣点，让学生先进行分组研究探讨，然后把学习研究的成果在课堂上展现。以此类推，以集体智慧解决某个核心问题，从而达到构建知识体系和全面把握知识点的目的。

拓展性学习：这是在课本内容学习上的进一步拓展和延伸，是对学习内容更深层次的开掘和探究，旨在从宽度和深度上对学习内容进行更多和更深层次的学习，以便对知识的学习更全面和系统。比如探究新中国成立初期，我们选择计划经济体制的必要性，可以突破教材，准备相关史料，从国际环境、历史原因、现实国情等角度设计问题链，引导学生进行分析。这种拓展学习，既满足了学生的好奇心，在一定程度上又丰富和完善了学生的学习和认知。

竞争式学习：这种模式可以用在高三复习课上，每次围绕一个核心主题，如史料实证类，教师引用相关史料，设计一系列问题。如提取故事情节说明历史现象，看看谁提取情节和说明历史现象又快又准；如某则材料的史料价值，

可以让学生尝试从这类问题的解答思路和具体组织答案等层面进行设计问题链，以满足不同层次学生的学习要求和学习满足感。

问题链驱动深度学习，是本人教学的点滴体会，是我对历史教学的一种追求。

教学设计

新时期改革开放进程

一、根据本课线索，理清主题

本课线索：改革开放新时期：1978年至今。中心是从传统社会主义走向中国特色社会主义。主题一：理解改革开放的背景。主题二：厘清改革开放的进程。主题三：总结中国特色社会主义对传统社会主义的突破。

二、针对主题，根据课本及史料设计问题

主题一：理解改革开放的背景。

材料1：鞍钢和武钢是钢铁生产中心，生产的铁都交给计划部门，再由计划部门统一调配。东北附近的装备工业所需要的钢铁应该由鞍钢来调运，而武汉则应该由武钢来调运。但实际中经常会出现东北需要的钢材要从武汉调过去、湖北需要的钢材要从鞍山运过来的情况。

——林毅夫《中国经济专题（第二版）》，北京大学出版社，第8页

材料2：“文化大革命”把传统体制的弊端暴露得充分，使反思以往的发展模式 成为可能。所谓反思，绝不是一个人的反思，而是一个集体性的、全民性的反思，包括党内和党外。

——萧冬连《探路之役：1978—1992年的中国经济改革》，社会科学文献出版社，第288页

材料3：1978年5月，真理标准问题的讨论在全国范围内展开。在邓小平的支持下，这次讨论强调实践是检验真理的唯一标准，否定了“两个凡是”的错误观点，重新确立了实事求是的马克思主义思想路线，纠正了长期以来束缚人们的“左”的错误，成为拨乱反正和改革开放的思想先导，为历史性转折作了重要的思想理论准备。

——部编教材《中外历史纲要（上）》，第177页

材料4：20世纪70年代末80年代初中国启动改革时，遇到了一个较为有利的国际环境。美苏战略对峙和经济全球化这两大国际因素，使中国获得了一个前所未有的以开放促发展的机遇。

——萧冬连《探路之役：1978—1992年的中国经济改革》，社会科学文献出版社，第298页

导入问题链：

问题1：任务1——据材料1，指出当时中国经济（体制）层面存在的问题。任务2——改革的实质是什么？

问题2：任务1——据材料2，指出“文化大革命”引发的反思是什么。任务2——这种反思与改革有何关系？任务3——请结合所学，指出前三十年经济建设与后四十年改革的关系。

问题3：任务1——根据材料3指出真理标准讨论与改革开放的关系。任务2——结合中国共产党发展史，史实说明“思想解放推动历史变革”。

问题4：任务1——根据材料4，指出材料的中心主旨是什么？

任务2——请结合所学，还有哪些国际环境对中国改革开放有利？

任务3——根据上述两问并结合所学，你能总结出什么发展规律？

设计意图

第1问，任务1，因为材料相对比较生活化，既让基础偏弱的同学能参与回答，也可以让有一定历史素养的同学参与思考，当时经济体制层面的问题是计划经济体制存在弊端。任务2的设问，在前一问的基础上让学科素养更高的同学

参与指出，我们的改革是要突破这种弊端，改革社会主义生产关系中不适应生产力发展的各个环节。

第2问，任务1要求学生简单地提取材料信息，基础弱的学生可以解决；任务2，要求中等层次的学生参与思考，理解历史现象具有两面性，“文革”的浩劫催生了改革开放的动力。任务3，要求基础偏上的学生积极思考，结合社会主义过渡时期及十年探索时期的历史，理解前三十年经济建设的经验和教训，为后四十年改革开放提供了动力。

第3问，从思想解放层面，让学生明白了改革开放的动力。任务1的设问是针对基础一般的学生。任务2，中等以上的同学能解答出遵义会议和南方谈话的史实，让学生明白中国共产党的发展历史，是不断解放思想实事求是的历史。

第4问，是从国际环境层面，让学生明了改革开放的时代背景。任务1，让一般基础的学生都可提取信息。任务2，要求学生用一定的课外知识，如“亚洲四小龙”的发展影响，还有课本知识迁移，如日本的快速发展给中国的启示等，是针对中上等水平的学生的设计。任务3，总结性问题，要求较高的概括分析能力，目的是让学生明白世界局势的变化必然触动中国内外政策的调整。

主题二：厘清改革开放的进程。

依托教材，请学生阅读《中外历史纲要（上）》，第170—171页

导入问题链：

问题1：以时间轴的形式，整理中国对内改革对外开放进程中的重要事件。

问题2：指出改革开放进程中的重要历史节点。

问题3：总结对内改革进程中的主要线索。

设计意图

第1问，通过绘制时间轴，培养学生自学能力和时空观念。

第2问，让学生学会思考，进而找出历史节点，如1978—1984—1992—2001等，使学生对改革开放的历史进程这一主线把握更清晰。

第3问，目的是让高层次的学生，能思考并总结对内改革中的主线：解放农村—解放城市—解放思想。

主题三：总结中国特色社会主义对传统社会主义的突破。

设计问题链：

问题1：马克思主义经典理论对传统社会主义的理解是什么？

问题2：改革开放后，我们对传统理论的突破具体表现在哪些领域？

问题3：对此，给你的启示有哪些？

设计意图

问题1，设计的目的是让学生更好地理解中国特色是什么？

问题2，让学生理解改革的领域是多方面的，有所有制、分配制、经济体制等层面。

问题3，让学生从改革开放进程、思想解放、领导力量或参与群体的角度明白，目的是训练学生的学科思维并提升能力。

何 龙：
“生本课堂”让课堂更高效

个人简介

何龙，男，中共党员，中学历史一级教师，现为东源中学教师。黄洪章名教师工作室成员（2014—2023）。曾获荣誉奖项有：河源市课堂改革与有效教学优质课评比高中组一等奖、高中历史课件制作大赛二等奖、2019年中小学信息技术与教学融合创新优质课大赛一等奖、教学能手，龙川县优秀教师（2次）、优秀班主任、2018—2021年优秀党员。参与工作室的省、市级课题研究，发表论文多篇。

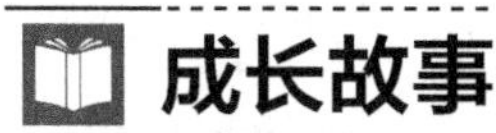

成长故事

十年征程，不断挑战

时光荏苒，如白驹过隙，不知不觉自己已站三尺讲台十年。回顾从教征程，感慨万千，酸甜苦辣百味交杂。从第一年的匆忙慌乱，到第三年的渐入佳境，再到第十年的气定神闲，处乱不惊，我从一个教育小白成长为了一名专业历史教师。“十年树木，百年树人”，我深感教书育人使命的光荣及责任之重。所以，在这路途中，我从不敢懈怠，一直在默默耕耘。

一、不断学习，专业发展

回想刚登上讲台时的羞涩与紧张，至今历历在目。那时候的我对教育有着极高的热忱，恨不得把自己毕生所学在课堂四十分钟里全部教予学生，填鸭式教学导致学生的听课效果不佳，甚至时常走神。等我发现这个问题后，我积极与学生沟通交流，了解到普通班的学生虽然基础较为薄弱，但是热情开朗，敢于表现自己。因此，我在认真钻研教材、参考了网络平台上的教学设计、观摩了优质课后，结合自己学生的真实学情，精心设计了适宜自己上课的教案。在课堂上，采用了小组合作探究、小组竞赛、角色扮演等方式丰富了课堂活动，让学生更多地参与进来，让课堂活起来。所以当我听到学生们由衷地说：“龙哥，怎么你的课那么快就结束。以前我总是走神，现在我都有认真听呢！”这时我才真正体会到作为一名教师，被学生认同的成就感与自豪感。

2014年我首次走出学校，参加河源市教育局举办的“课堂改革与有效教学”优质课评比大赛。如何才能上好一节优质课，才能有效地教学，成为我在专业路上第一个思考的问题。在新课程改革的背景下，高中历史的有效性教学是一个常做常新的课题。我们要根据新课程的理念、高考政策的变化、学生的心理和学情、信息科学技术的改进等，相应地调整教学策略。根据对这些问题的思考所得，我制作了一个课件，怀着忐忑之心提交了作品。简单的一份教学设计，见证了我在历史教学方面的成长，我也荣获了高中组的一等奖。带着这份激励，我在教学中更加地勤恳用心。2016年获得全国岳麓版高中历史课堂教学大赛“优秀指导老师”称号、河源市高中历史课件制作大赛二等奖，2018年获得广东省“一师一优课，一课一名师”活动高中组省级优课，2019年9月获得河源市中小学信息技术与教学融合创新优质课大赛一等奖，2021年12月获得龙川县“精品课”一等奖。

以赛促学，以赛促教，以赛促改，每一次的比赛都是个人成长的历练，比赛所取得的荣誉只能印证我努力过的痕迹，能够让学生在课堂上学有所获，才是我不断挑战自己、提升专业发展的初衷。

二、期待绽放，见证成长

一名合格的教师，不仅要有过硬的学科素养，还需要教会学生学会做人。从踏上讲台开始，我就一直担任班主任。班主任作为学生的第一责任人，对学生起着举足轻重的引导作用。孔子曰：“其身正，毋令则行；其身不正，虽令毋从。”身教重于言教。从接班开始，我就严格要求自己，树立在学生心目中的良好形象。为了让学生做到勤奋努力，不怕吃学习的苦，我要求自己每天早上六点多到校，晚上十点半离校，风雨无阻，从不间断地陪伴在学生的身边，做学生坚实的守望者。有人笑我：“学校的两天晚上轮休，是我们续命的假啊，何必每天晚上都来学校？”可是，我知道，只要我在，学生会更安心。正如学生说道：“龙哥是我最佩服的老师。每天都能看到他在教室和办公室中穿梭、忙碌的身影，我们还有什么理由懒惰，有什么理由轻言放弃呢？”

在班上，我有个昵称，叫“川中后盾”。学生们总爱说“有学习问题找龙哥，有心理障碍找龙哥，有生活难处找龙哥”。只要他们来找我，我都会尽心尽力帮他们解决，而且24小时手机待机。15届的骆同学，不爱准时吃饭，爱吃零食，经常出现肠胃问题。有一天，看到她脸色苍白地趴在桌子前，说话都有气无力，我立马背着她来到了学校的校医室。从班级到校医室，大汗淋漓，但看到学生平安无事，我悬着的心也就放下了。事后，我趁热打铁，教导她要爱惜自己的身体，“身体是革命的本钱”，为了自己的梦想，要管住自己的口腹之欲。后来，该生把零食扔掉，积极锻炼身体，高考考入广东外语外贸大学。18届的刘同学，因为跟宿舍的舍友闹矛盾，再加上深圳一模的成绩不理想，晚自修突然消失不见。我及时发现后，就在学生经常出现的地方寻找，花了一个小时，终于在足球场找到她。了解事件缘由后，我帮她分析她这种状态继续下去的危害，并教导她如何处理与同学的矛盾，如何调整学习状态，经常陪她聊天，疏导她的情绪。从生活聊到学习，从学习聊到未来，帮助她走出困局。最终她以603分考入暨南大学。

作为学生的情感指导员，每当我看着他们满面愁容地进来，笑容满面地出去，我都很欣慰。我也非常感谢他们信服我，把我当作“垃圾桶”，让我走进他们的心灵，能呵护他们，并见证他们健康快乐地成长，这是我们为人师表最大的成功和欢欣。经过三年的磨合与努力，我所带的班级均能较好地完成学校的高考任务。其中，所带的2018届高考成绩尤为突出，本人担任班主任的文科实验班本科率96%以上，共有4人高考成绩600分以上，3人进入河源市文科前十名。其中刁惠敏同学（644分）名列河源市第二，进入广东省前100名，被复旦大学录取。几年来，我所带的班级里共有2人获得广东省优秀学生称号，4人获得河源市优秀学生干部称号，16人获得龙川县三好学生称号。

三、名师引领，丰富自己

没有丰富的教学经验，没有专业的领路人，我都是摸着石头过河，沉溺在备课与上课的反复教学中，缺少反思和提炼，越发感觉自己江郎才尽，感觉自己每天在原地打转。我在深切感受到自己知识能力的不足与匮乏时，很幸运地遇上了我教育征程上的“贵人”——黄洪章老师。黄老师睿智，学识渊博，从他的课堂中，我认识到应该把学科知识向深度挖掘，做一个有丰富内涵的老师。黄老师幽默善谈，关心后辈，从他的身上，我学习到做人要以诚待人，做一个友善友爱的老师。但最让我感动的是他对教育事业的热爱与执着。即便深耕教学一线已经三十多年，但他从不停止研究的脚步。看着工作室从第一期到第二期的顺利开展，我学习到教育是一项长期事业，要永葆初心。黄老师就像一棵大树，源源不断地为我输送养分。

从“新起点，再出发”的揭牌仪式启动后，我就在工作室的带领下，整装出发，走得更远。在这四年里，去梅州嘉应大学听名师讲座，跟随大队伍观摩一线教师鲜活课程，探寻两千年郡县、一千年科举印痕的南国边陲小镇——佗城，满怀激情为兄弟学校的老师、学生们送教，网上研学感受北京大学历史学教授深厚的文化底蕴，一路前行一路歌。丰富多彩的教研活动让我有机会走出学校，投身于更广阔的世界，使我不仅增长了常识，培养了研究能力，更丰富了人生履历，得到一笔不菲的财富。黄老师说，教师的成长需要历经几段历程，反复叮嘱我们年轻教师要好学善思，要通过听专家讲座、课例研讨、课生阅读反思、撰写论文等多种方式促进二次成长。

在黄老师的谆谆教导下，我钻研课改，精心备课，不断地总结反思，提高自身的教学效率与教学艺术。在担任备课组长期间，我主动承担市、县公开课，在国家级刊物发表论文，并对学科教学做出规划，以大局意识、服务意识、进取意识，创建了一个“精神团队”。我所带领的教师团队在学校第二届金牌师团的比赛中勇夺第一。与工作室一起成长，在名师的引领下成为一个专业知识扎实，具备一定的研究能力，有教育情怀的历史老师，是我的教育初心。

教育的路上，一直是阳光与风雨兼具。为了生命之花绽放光彩，我将继续在教育朝圣的路上不断挑战自己，在平凡的岗位上，从一点一滴的小事做起，把一分一秒的时间抓住，常怀敬畏之心，守职尽责，做一名优秀的历史老师。

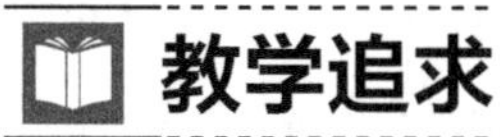

教学追求

“生本课堂”让课堂更高效

历史是浩瀚无边的大海，它囊括了古今中外上下五千年的历史进程。近年来，随着新课改的逐步深化，高中历史教学也发生了翻天覆地的变化。作为一线高中历史教师，我面临着前所未有的挑战与压力。在这种背景下，怎么让学生学有所得，让课堂真实高效，一直是笔者思考的问题。我认为，教师一定要顺应课程的改革，结合自己的教学实际，以学生为主体，才能更好地提高历史教学效率。

一、生本课堂的发生：转变模式

教育部《基础教育课程改革纲要（试行）》指出：新课程历史改变了课程实施过于强调接受学习、死记硬背、机械训练的现状，倡导学生主动参与、乐于探究、勤于动手，培养学生搜集和处理信息的能力、获取新知识的能力、分析和解决问题的能力以及交流与合作的能力。新课程改革要求历史课堂要充分发挥学生的主体作用，指导学生从课堂中获取知识与经验。以前教师是知识传授的主体，学生处于被动接受知识的状态。但是只注重教师“教”、不重视学生“学”的模式已经不再适应“以人为本”的教学理念。在教学中必须充分发挥师生双方的主动性和创造性，通过“自主、合作、探究”的方式，让学生成为学习的主体，才能避免教师“满堂灌”“填鸭式”的教学。

为了让学生更多地参与课堂，调动学生的思维能力与创造能力，我开设了“以问题为中心”历史课堂教学。在《新航路的开辟》课例中，我提出了这样一个问题："黑人本来生活在非洲，为什么会在美洲出现？2008年黑人奥巴马为什么能当选美国总统？"问题提出后学生进行了激烈的讨论，最后得出"新航路的开辟，把黑人带到了美洲"的结论。这样的问题设置比起以前一上课就讲新航路开辟的背景、时间、原因、影响更加新颖、更接地气，学生也能在问题回答中体验到开动脑筋和思考问题的乐趣。此外，我还增强了师生之间的合作意识，备课不单单是备教学内容，而是备学生，培养学生敢于在课堂发问，敢于质疑的能力。在《辛亥革命》课例中，统编教材里提到1911年辛亥革命爆发后清王朝土崩瓦解，结束了统治。但上课时，有学生发现教材后面大事件目录表提到清王朝在1912年溥仪退位后才结束统治，对两个时间存在着质疑。后来，我当堂利用教学网络平台，查阅史料史证，与学生共同讨论。通过师生对话、合作与交流，敞开心扉，解决很多实际问题。

学习是一项多人参与的活动，无论是哪一种教学，都应该让课堂成为学生成长的舞台和发挥想象力的天空。充分发挥学生的主体作用，使学生成为主动的、活泼的、发展的学习主体。

二、生本课堂的开展：创设情境

情境是"营养"，知识是"大树"，知识只有得到情境的养分，才能茁壮成长。《中国高考评价体系》就明确地提出，高考试题命制应该要创设合理情境，设置新颖的试题呈现方式和设问方式，要求对即将进入高等学校的学习者在新颖或陌生的情境中主动思考，完成开放性和探究性的任务，发现新问题、找到新规律、得出新结论。在《鸦片战争》这一课例中，我把全班同学分成六个小组，并分别设置了原告百姓甲、百姓乙、百姓丙，被告林则徐、道光皇帝、英国六个角色，创设情境，让学生以历史当事人的身份，回到发生在百多年前的国际官司。百姓甲、乙、丙分别控诉林则徐、大清道光皇帝、英国犯了战争罪，指认他们是导致战争的元凶。被告小组可以选择认罪，也可以进行抗辩，并派一位代表陈述小组讨论结果。认罪还是不认罪，都要说明理由。通过三轮交锋，学生更深刻、直观地感受到林则徐严厉禁烟忧国忧民、维护中华民族利益的爱国主义精神，了解到英国向中国走私鸦片的罪恶行径和唯利是图的本质。

历史离学生很遥远，有时还可以借助图片、音频再现历史场景引起学生的情感共鸣。在《五四运动与中国共产党的诞生》课例中，以歌曲《光荣啊，中国共青团》“我们是五月的花海，用青春拥抱时代，我们是初升的太阳，用生命点燃未来”为导入，并展示当时北京大学生游行示威的照片，让我们回到热血沸腾、青春激昂的1919年。接着引导学生思考，“如果你生活在1919年，你会对近代中国的大变局有怎样的探索？”通过让学生回顾五四时期中国民族危机不断加深的历史史实，创设情境，从政治、经济、文化的角度探求近代中国思想解放的背景，掌握时空观念，感知五四青年对国家民族救亡图存的使命与责任感，培养爱国情怀。

历史是发生在过去的事，通过整合教材内容，运用先进的教学资源创设出新的历史情境，让学生可以通过具体形象的感知，形成历史表象，让学生站在第三维度的时空中去感受历史的变迁，激起学生积极的情感，更有利于从历史中汲取精神力量，从历史中总结经验教训，能更好地面对未来。

三、生本课堂的皈依：家国情怀

我国教育的基本目标是培养全面发展的人。因此，在实践教育中必须科学与人文兼具，育才与育人相结合。在新的教育背景下，教师应紧跟时代脚步，创新教学模式，优化教学理念，针对学生的实际，整合教学设计，更好地渗透家国情怀，引导学生树立正确的人生观、价值观、世界观，促使学生成长为合格的社会主义接班人。

如《伟大的抗日战争》，本课的教学目标是让学生掌握抗日战争爆发和抗日民族统一战线形成的史实，全面分析抗日战争胜利的原因。通过中国人民取得抗日战争胜利这一伟大历史事件，增强学生的民族自尊心和自信心，激发学生的民族责任感和使命感，培养学生的家国情怀。课堂上，我先利用多媒体设备为学生播放有关“南京大屠杀”“潘家峪惨案”等视频片段，让学生对这段历史产生初步的了解。然后一起思考“日本侵华给中国人民带来了怎样的危害？面对现在日本右翼势力否定暴行、美化战争的行为，你如何反驳他？”

让学生在探讨中更加真切地感受历史，产生心灵的碰撞，深刻认识到革命先烈们不怕困难、勇往直前的革命精神。如在教学“中国共产党开辟革命新道路”时，我带领学生走出教室，来到阮啸仙纪念馆和故居。同学们认真浏览了馆内陈列的文物并聆听了一堂生动的“微党课”，深入了解阮啸仙烈士的生平事迹。通过接触革命老区，孩子们都被他的爱国精神深深打动。渗透家国情怀，可以提高学生们爱国、爱党的情感，树立勇于担当国家强盛、民族自强的精神。

把家国情怀融入高中历史课堂教学是素质教育的一项重要内容，对学生价值观的发展十分重要，不仅可以提高学生的爱国爱党情怀，也有利于学生核心素养的形成。

21世纪是个变速远超以往的世纪，21世纪的教师不能仅是一名教育者，而且还应是一名研究型的学者。不管时代怎么变幻，我们要坚守初心，以生为本，遵循学生是教学主体的理念，让历史课堂更加有效。

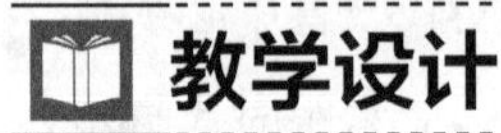

教学设计

鸦片战争

一、教学目标

通过学习鸦片战争的经过和结果，培养用历史唯物主义观察问题、分析问题的能力；通过搜集图文资料，开展小组合作探究，探求鸦片战争爆发及中国战败原因，激活学生自我认知的智能，锻炼学生的历史思维能力，激发学生的为中华民族的伟大复兴而努力学习的爱国热情。

二、教学过程

（一）新课导入

（1）利用极具震撼力的图片和文字，向学生点明本课在历史教材中的地位

设计意图

要让学生心里产生强烈共鸣，极大激发学生对本节内容的好奇心和求知欲，从而迅速凝聚注意力，进入课堂状态。

（2）展示课标要求

（3）课前游戏"你来比画我来猜"

一同学背对白板，另一同学面对白板。我将在白板上打出历史事件或历史人物，面对白板的同学作出相关解释（不允许把事件中的关键词说出来），背对白板的同学以此为依据猜出此历史事件是什么，或历史人物是谁。当遇到难以说明的词时，可以选择下一个，一分钟时间看你们能猜出多少。

设计意图

所猜的历史事件及历史人物均来自本课要学习的内容，既可以活跃课堂氛围，又可以让学生对本课内容有所把握。

（二）新课讲授

教师讲述：同学们，你们都看过中国法官在东京审判日本战犯的电影吧？它印证了一句古话"天理昭昭，报应不爽"。但是不是所有的作恶者都有报应呢？是不是所有的受害者都能沉冤得雪，讨回公道呢？今天，我们就将看到一场发生在百多年前的国际官司，当然这只是虚拟的。

创设"马后炮"模拟法庭：全班分为六组

原告：百姓甲、百姓乙、百姓丙

被告：林则徐、道光皇帝、英国

法官：老师担任

百姓甲、百姓乙、百姓丙分别控诉林则徐、大清道光皇帝、英国犯了战争罪，指认他们是导致战争的元凶。小组讨论（3分钟），被告小组可以选择认罪，也可以进行抗辩，并派一位代表陈述小组讨论结果，究竟是认罪还是不认

罪，并说明理由。

设计意图

课前已对学生进行分组，有利于节省时间，进行有效性教学，同时学生能够按角色做好充分的准备，展示小组学习成果。

进入“马后炮”模拟法庭（此过程以学生为主，老师起辅助引导作用）。

六个小组分别扮演角色，根据各自的任务提出控诉或抗辩，找出“谁才是战争的元凶”。

第一幕：

第一小组：百姓甲展示诉状一

（小组经过讨论，推举出代表提出诉状，控告林则徐为战争元凶）

第二小组：林则徐小组进行抗辩

（小组经过讨论，推举出代表进行抗辩。自编台词，要说明鸦片的危害、虎门销烟的大体过程、英国发动战争的实质。可多位组员轮流回答）

第二小组在抗辩过程中结合展示第20页PPT

说明：

鸦片战争的原因
- 根本原因：英国为了打开中国市场
- 直接原因：中国的禁烟运动

第二幕：

第三小组：百姓乙展示诉状二

（小组经过讨论，推举出代表提出诉状，控告道光皇帝为战争元凶）

第四小组：道光皇帝小组进行抗辩

［小组经过讨论，推举出代表进行抗辩。自编台词，要说明鸦片战争发生前中英实力对比、鸦片战争的大体经过（为将领的牺牲感到惋惜）【视频展示】、失败的根本原因。可多位组员轮流回答，但要连接顺畅］

第四小组在抗辩过程中结合展示第26页至30页PPT

说明：鸦片战争前夕的中英对比

	中国	英国
政治	封建主义	资本主义
经济	落后的自然经济	商品经济发达
军事	装备废弛	船坚炮利
外交	闭关自守	殖民扩张
综合	危机四伏	迅速崛起

中国失败的根本原因：腐朽的封建制度

第三幕：

第五小组：百姓丙展示诉状三

（小组经过讨论，推举出代表提出诉状，控告英国为战争元凶）

第六小组：英国小组进行抗辩

（小组经过讨论，推举出代表进行抗辩。自编台词，进行抗辩，可从由于英国的入侵导致清朝小农经济的瓦解，一定程度上促进了清朝经济的发展入手。论述的组员要趾高气扬，能激起民愤）

第五小组进一步展示英国的罪状，向大法官呈交证据（《南京条约》的内容及其对中国的危害），结合展示第36页至38页PPT

说明：鸦片战争造成的结果：签订近代史上第一个不平等条约《南京条约》

影响：中国开始沦为半殖民地半封建社会，被迫卷入资本主义世界市场

法官（老师）回顾理顺六方证词要点，判决林则徐、道光皇帝无罪，英国为鸦片战争元凶，并宣布退庭！

（三）课堂小结

教师根据板书回顾本课的知识目标，强调对重难点的掌握（让学生齐声朗读《南京条约》内容，铭记历史）。

【板书设计】

鸦片战争（1840—1842年）

1. 鸦片战争前夕的中英对比

2. 虎门销烟

3. 鸦片战争的原因

4. 战争经过及失败原因

5.《南京条约》的签订及其影响

谢禄雨：情理同润，师生共长

个人简介

谢禄雨，女，东北师范大学历史本科毕业，南昌大学教育学硕士。龙川县第一中学教师，高三历史备课组组长。江苏师范大学历史文化与旅游学院历史学（师范）专业教育实习校外指导老师。黄洪章名教师工作室学员（2018—2020）。曾获得龙川县第一中学青年教师教学能力大赛一等奖、河源市首届青年教师解题能力大赛三等奖、“园地杯”课件大奖赛二等奖、中国教育研究与实践研究论坛论文大赛一等奖、课件大赛一等奖等奖项。发表论文多篇，其中在《中学历史教学参考》发表论文1篇。参与省级课题2项、市级课题1项。

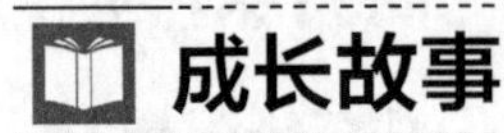

漫漫教师路，上下求索中

路漫漫其修远兮，吾将上下而求索。

——屈原

静静的东江河水日夜向南奔涌，蓦然回首，每天穿越东江桥上下班的日子已经十年有余。有人说，教师，就是个一眼可以望到头的职业。但哲人说："人不可能两次踏入同一条河流"，教师亦如是。看似日复一日的工作从来不是简单的重复，它是个在与学生、与时代、与自己的交互中坚守、追寻、逐渐实现自我成长的过程。

一、阅读，为成长积蓄力量

知识是人类进步的阶梯，阅读是了解知识的重要途径。莎士比亚说："生活里没有了书籍，就好像没有阳光；智慧里没有书籍，就好像鸟儿没有翅膀。"于我而言，读书，是个不断延续并发展的习惯。小时候，我几乎把家里的书都看了一遍；高中的时候，喜欢上了县城为数不多的书店；到了大学，我的阅读更是"一发不可收"，常常沉浸于书海之中而不自知。有时是跟着教授们的指引，讲到哪里，将推荐篇目读到哪里；有时是跟随兴趣点而去，兴趣点在哪就读到哪些书……这种专业与兴趣相结合的广泛的涉猎为工作后应对各种问题积攒了力量，也成了一种阅读习惯。

大学毕业后，我埋头历史教学，一心想要教好历史。因此，与教学相关的书籍成了阅读的重心。钱穆的《中国历代政治得失》《国史新论》，千家驹、郭彦岗的《中国货币演变史》，金观涛、刘青峰的《中国思想史十讲》，刘子健的《中国转向内在》，黄仁宇的《大历史》，陈旭麓的《近代中国社会的新陈代谢》，金冲及的《二十世纪中国史纲》，约翰·邓恩的《让人民自由》，卢梭的《社会契约论》，钱乘旦的《西方那一片土》，斯塔夫里阿诺斯的《全球通史》，汤因比的《历史研究》，沈志华的《沈志华演讲录》《冷战启示录》……这些书籍，或阐释理念，或讲述人物，或叙述事件，对于拨开历史的迷雾，拓宽观察历史的视野，理解历史上的人、事，大有裨益，也为我从容把握教学内容打下基础。

二、研究，给成长插上翅膀

伟大的教育家孔子在两千多年前就曾说过“学而不思则罔，思而不学则殆”的至理名言。如果说孔子的话是针对学习而言，那么，对于教师而言，“教而不研则浅，研而不教则空”，就从另外一个方面说明了科研的重要性。教和研是教师专业化成长的两条必由之路，教和研的关系是相辅相成的。很荣幸，在工作一段时间之后，因为一次求学经历、一个课题研究，我逐渐走上了研究的道路。

2016年，我顺利通过国考，成为南昌大学教育学院的一名在职研究生。2017年，修满所需学分后，我迎来了准备毕业论文阶段。如果说教授们的授课给离开大学校园多年的我带来新的知识、新的视野，那么准备毕业论文则使长久以来局限于教学事务的我开启了研究的大门。而这扇大门的开启，要归功于我的毕业论文指导老师。他是个非常执着于自己的学术要求的、认真负责的导师。仅仅是准备开题报告阶段，导师就和我电话沟通了不下10次，每次不少于1个小时。从如何确定选题、如何撰写开题报告，到开题报告中每一部分内容怎么写、为了说明什么都一一进行详尽的指导、点拨。开题报告初稿写好后，又再次针对性地指出每个部分存在的问题、需要改进之处……就这样，在导师的指引下，我慢慢打开了研究的大门。

2018年年初，新课标颁布不久，我们学校历史科组的几个同事在黄洪章老师的带领下，成立了一个小课题组，以核心素养之一史料实证作为研究内容，申报了市级课题，并顺利通过。经过两年的研究，2020年夏，课题顺利结题。于有的组员而言，这可能只是一次寻常的研究之旅；于我而言，却是意义非凡的。首先是我深入了解了教学课题研究的一般范式，知道如何选题、如何开展课题研究，每个阶段应怎么准备、怎么实施。其次，我找到了一把打开历史深度教学的钥匙——以史料为抓手。以史料为抓手，可进行史料实证，经过辨析史料价值、提取史料信息、论证历史问题，培养学生史料实证素养；以史料为抓手，也可以运用史料来创设情境，设置问题，引导学生思考，再运用史料和逻辑分析解决问题。这样，学生的兴趣得到激发，却又不仅仅停留在兴趣层面，而是进入历史研究层面，历史思维能力得以培养。最后，也最重要的是，通过这次课题研究，我发现了教师专业成长的一条路径——时时刻刻的研究意识。有人说课题研究是实现教师专业突破的重要方式。而课题研究的最重要的要素是研究意识。没有研究意识，参与了再多课题研究也只是徒增经历，于教学无任何裨益。有了研究意识，则教学中无处不研究。

三、结伴，让成长行稳致远

孔子说："三人行，则必有我师焉。"阿拉伯谚语说："独行快，众行远。"在教育的路上，有伴同行，是件幸福的事。很幸运，在成长的路上，一直有良师益友伴我行，让我的成长之路可以行稳致远。

（一）工作室之伴

2018年，我有幸成为黄洪章名教师工作室的学员。工作室还有来自河源市内的其他老师。在加入工作室之前，我们大都彼此还是陌生人。那年秋季开学不久，工作室就进行了第一次集体研修。这次研修，我们一起听讲座，一起听课、评课，一起交流，短短几天的相处，让我逐渐认识了他们、初步了解了他们，也让我们从此开始了结伴研修之旅。后来，我们又在工作室的组织下一起做课题，一起外出学习，逐渐发展出"革命的友谊"。这样，我们的交流，逐渐溢出工作室的时空范围，延伸到历史教学的各个方面。

（二）科组之伴

龙川县第一中学历史科组是广东省中学历史示范教研组，在科组内，有教学经验丰富的老教师，有意气风发的中年教师，有朝气蓬勃的年轻教师。刚走上历史教学岗位时，他们或以师徒结对的形式给我以指导，或以渊博知识给我以压力，或以自如的课堂驾驭给我以启示……他们都是我成长路上的良师。而当我慢慢走上教研之路后，我又逐渐寻得了结伴同行的益友。2019年春，高三二轮复习时，我和科组另外3个同事自发组成一个小组，每个人负责一个部分，完成了对近10年的全国卷高考真题材料题部分的分类归纳和总结，并制作了解题技巧系列课件，让二轮复习在解题方法上更有的放矢，也为后来的备考打下基础。2020年秋，广东省开始使用新教材。为了更好适应新教材，我们备课组内组成教材研究小组，先是集体备课，讨论怎么解读教材、怎么取舍。逐渐适应了、形成了一些定式后，我们开始分工合作。每个老师轮流负责一课内容的前期准备和课件制作，其他老师在这个基础上进行修改和完善。因为每个人只需要负责其中一个部分，所以，可以进行全方位的深度备课；因为课件共享共研共修，所以，我们得以在思想碰撞、交流中共同成长，走得更稳、更远。

（三）云端之伴

在我的微信联系人里，有很多个历史教学相关的群，有的是线下研修的时候组建的，有的是因为某个公众号集结的，我时常在群里请教问题，也时常解答问题，参与讨论问题。在我的微信联系人里，还有很多个河源市之外的历史老师，他们都是历史教学方面教有专长的、积极上进的人。他们是我的历史教学上的云端之伴，他们的无私分享让我得以看到一节课、一道题的更好的解决方式，他们的动态让我近距离感受历史老师们的努力及其努力的方向。

如果说阅读是向下积攒力量，那么研究给向上插上翅膀，结伴则让成长之路行稳致远。我庆幸，当我没有什么目标只顾埋头教学时，不忘阅读；当我想要向上努力时，走上研究之路的机会之门渐次打开；当我想要继续前行时，又有伴可寻。教学是我一生的职业，成长是个渐进的过程，我愿意继续保持这种向上的姿态，一点点积累，一步步前行，上下求索，做个无愧于人、无悔于心的历史老师。

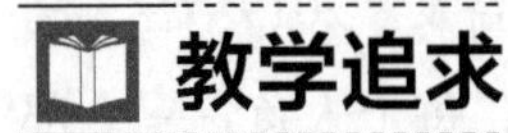

教学追求

情理同润，师生共长

我是一名教育工作者，也是一名历史老师。作为教育工作者，我时常思索，教育的目的是什么？作为历史老师，我时常问自己，历史的独特魅力是什么？历史学科独特的价值是什么？伴随着这些思索，情理同润教学理念逐渐浮现、固定下来。情，指情感；理，指理性，理性思维；润，和润、滋润，是一种育人方式。情理同润是指以历史事实为依据，在历史课堂中无声浸润情感和理性。本文将从为什么以情感和理性作为育人目标、为什么选择和润作为育人目标达成的方式、怎么做到情理同润三个方面阐释我的教学理念。

一、以终为始，确立目标

以终为始是一种思维模式，不一样的人有不完全一样的理解。笔者认为，以终为始，就是先确定终极目标，从终极目标出发来把握过程中可能出现的各种状况，做到不忘初心。教育是培养人的活动。从最终要培养怎样的人出发，结合历史课程的特点，我认为，首先，理性是高中历史课程应有之义，也是这个时代的呼唤。

理性的第一层含义是独立思考，做出独立判断，这里主要是指遇事不轻信，而是会主动综合各方面信息进行思考、分析的习惯。一个独立思考的人，才不会被带节奏，才不会人云亦云，才不会是非不分，而做到这些的前提是已经养成独立思考的习惯。

习惯解决的是第一层面的问题。理性的第二层含义是理性思维。有人说思维就是思考、思索，也有人说“人是一根会思考的芦苇”，古人又说“三思而后行”，但是“三思”有时也并不能使人对一件事情的思考更全面、更有效、更合理。所以，我们需要理性思维，提升思维能力，增加思维的深度、广度、灵活度。

理性并不能解决所有问题。在论及道德、理性和情感的关系时，休谟就提出：理性仅仅是，也应该是情感的奴隶。只有理性的人，只是思考的工具，或者说，是会思考的机器。本文所说历史课堂所要培养的情感，主要是指对生活、对人民的理解之同情，和对国家、对社会的责任与担当。首先，是对生活、对人民的理解之同情。罗曼·罗兰说：“只有一种英雄主义，那就是在认清生活真相后依然热爱生活。”历史课堂所要强调的就是通过历史上的人和事，去了解、去认清生活的真相，去理解、去认识人民的苦难与挣扎，在此基础上建立对生活、对人民的理解以及理解之同情。其次，是对国家、对社会的责任与担当。人是群居动物，虽然国家不是自古就有，也不会亘古存在，它只是人类社会群体组织的一种而已。但是，在当下及相当长一段时间内，它都将是最重要的一种组织形式。那么生活在当下的人们，需要对国家、对社会有责任感和使命感，需要有“天下兴亡，匹夫有责”的自觉。

值得注意的是，在全球化日益发展、人类的命运越来越紧密联系在一起的今天，本文所说的人民，不仅仅是本国之人民，也包括他国之人民，本文所说的社会，不仅仅是本国之社会，也包括他国之社会，是全人类视域下的人民和社会。

综上，我认为，历史课堂的目标，是培养拥有理性思维和能力的，既有对生活、对人民理解之同情，又有对国家、对社会有责任和担当的情感丰盈的人。

二、以吾之名，选择方式

以终为始，只是开始，在实现目标的漫长的过程中，有无数种方式可供选择。教学上亦是如此。教学方式千万种，但是，或多或少，都会烙上教师本人的特色。这就是教师个人的风格对教学方式的影响。俄国教育家乌申斯基说：

“在教育中一切都应当以教育者的个性为基础，只有个性才能影响个性的发展和定型，只有性格才能养成性格。”斯滕伯格等认为风格是指一个人较为喜欢使用的方式。那么，就我个人而言，在思维方式上，我比较喜欢弄清楚事情的来龙去脉，并使之条理化、结构化；在教学语言上，我较多使用设问词引发兴趣，也常使用比喻的方法解释难懂的概念，偶尔使用学生喜欢的网络流行语或客家话叙述故事，增加趣味性……总的来说，我是沉静内敛中略带幽默风格的人。基于这样的个人风格，个人认为，激情洋溢、活力四射、昂扬向上的教学风格是我暂时不能达到的。因此，在育人方式上，我选择遵循自己的风格，结合历史学科特点，以史料为依据，在对历史事件和人物的深入了解中浸润情理，以达到润物细无声的效果。

三、以行为知，构建模式

古人云：“闻之而不见，虽博必谬；见之而不知，虽识必妄；知之而不行，虽敦必困。”教学理念不仅需要思考、凝练，更需要通过力行促进对这些理念的理解，并在此基础上逐渐构建模式。情理同润课堂模式的构建，可以通过以下几个层次的力行来达成。

第一，梳理知识，锻炼能力。梳理教材的基本知识框架，是教的开始，也是学的开始。但是我们往往自己梳理好了，在课堂上灌输给学生。这样在某种程度上剥夺了学生学习的积极性和可能性，使之沦为背诵的工具人。所以我有意识地引导学生学会自己概括课本知识。开始的过程比较艰难，很多学生已经养成了接受的习惯，对自己能否梳理好也没有信心，对此，我采取渐进的方式，让学生逐步掌握梳理的技巧和能力——从一段，到一个子目；从一个子目，到一课；从一课到一个单元；从一个单元，到一个长时段……一点点教会他们概括，并绘制成知识框架图或者思维导图。当他们掌握能力后，教与学都将顺畅很多。

第二，运用史料，提升能力。历史不只有基础知识，也不只需要概括能力。历史是过去发生的事，历史学是研究过去发生的事的学科，研究的载体是一则则史料。因此，历史教学最好的载体，也是史料。教师在课堂中可以以史料为载体，提升学生的理性思维能力。

辨析史料，培养理性习惯。运用史料的第一步是辨析史料，辨析史料需要综合史料的类型、作者的身份、创作的意图及作者所处的时代等多个方面信息进行综合思考、做出判断。会主动综合各方面信息进行思考、分析的习惯正是我们所说的理性习惯。课堂教学中经常进行史料辨析，学生在遇到现实问题时，自然而然会迁移、运用。

分析史料，培养理性思维。理性习惯只是理性的第一个层面，真正要养成理性思维，还需要借助史料提升思维的广度、深度、灵活度。这就需要我们进一步分析史料。教师在分析教学内容的基础上，针对一两个重点或者难点内容，有针对性地提出问题，并利用史料创设情境，引导学生分析史料反映的现象、现象背后的原因以及现象可能带来的影响，由此，形成对一个现象或事件进行比较全面、客观的认识。

第三，走进历史，感悟魅力。分析史料的过程，是一个在教师引导下走进历史的过程。在这个过程中，学生更多的是感受到了历史的思维的魅力。但是仅有这些是不够的，我们希望学生能够更深入地走进历史，感悟历史的情感魅力。为此，在讲述庆历新政时，一起了解范仲淹的生平，朗读范仲淹的“先天下之忧而忧，后天下之乐而乐”，体会古代文人的情怀；在讲述鸦片战争时，不仅讲述林则徐禁烟的思想、行为，而且了解林则徐为防范外敌入侵所做的部署，并引用林则徐的“苟利国家生死以，岂因祸福避趋之”，感受近代士大夫的担当；在讲述维新变法时，介绍谭嗣同“我自横刀向天笑，去留肝胆两昆仑”诗句背后的故事，体验变法者的豪情……此外，组织了历史写作大赛、历史人物年表编订活动，让同学们在搜寻、整理资料的同时，走进历史，品味祖辈辛勤劳作背后的精神，感受历史人物身上所蕴含的魅力。

雅斯贝斯说：“教育的本质意味着，一棵树摇动另一棵树，一朵云推动另一朵云，一个灵魂唤醒另一个灵魂。”我愿以历史为媒，与学生为伴，在知识的海洋徜徉，在思维的土地耕耘，在情感的天空遨游，共同成长为有情有爱有理性的人儿。

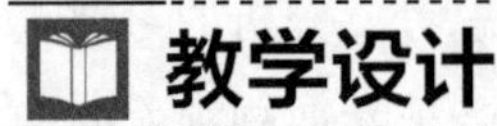

辛亥革命

一、教学目标

学会评价革命，理解其成功性与失败性，体悟革命者的精神。

二、教学过程及设计意图

1. 投影显示蔡济民的诗句：“无量头颅无量血，可怜购得假共和。”并设问：这是哪一类型的史料？材料的观点是什么？你赞同吗？应如何评价辛亥革命?

设计意图

用革命者在革命后的感慨之诗句，激发学生的同情之心，引出对辛亥革命的评价。

2. 提示学生从两个角度评价辛亥革命：一是既定目标（三民主义所设想的共和）是否达成，二是历史任务是否完成。

（1）既定目标分析：

三民主义的内容包括民族主义、民权主义、民生主义。

民族主义是“驱除鞑虏，恢复中华”，推翻清政府的统治。溥仪退位意味着清政府统治的结束，因此，这个目标达成了。

民权主义是三民主义的核心，要求推翻君主专制统治，建立资产阶级共和国。溥仪退位，清政府统治结束，意味着君主专制统治结束。至于资产阶级共和国，则不仅仅是政权是否建立的问题，它包括政权建设、法律保障、经济发展、思想变化和社会生活变迁。

① 政权建设：1912年成立中华民国，推举了临时大总统，确立了国旗等。

② 法律保障：通过了《中华民国临时约法》。

投影显示《中华民国临时约法》的内容节选：

第一章　中华民国主权属于国民全体。

第二章　全国各民族一律平等，国民有人身、居住、财产、言论、出版、集会、结社、通信等自由，有请愿、选举、被选举等权利。

第三章　参议院行使立法权。

第四章　临时大总统及国务员行使行政权。

第五章　国务员（内阁总理）于临时大总统提出法律案、公布法律及发布命令时，须副署之。

第六章　司法权由法院独立行使。

通过分析宪法条文引导学生思考材料所反映的《中华民国临时约法》的原则，并由此理解其性质。

设计意图

通过对法律条文这种文献史料的分析，明白其颁布的伟大意义。

③ 经济发展：主要是资产阶级共和国的经济基础——民族资本主义的发展。

投影显示：

1912—1919年，中国新建厂矿企业达470多家，投资近1亿元，加上原有扩建新增资本达1.3亿元以上，相当于革命前50年的投资总额，中国工厂使用的蒸汽动力，1913年为43448马力，1918年为82750马力，约增加1倍。

——严中平《中国近代经济史》

并设问：这是哪一类型的史料？这则史料反映了什么现象？

④ 思想变化：辛亥革命之后，先有袁世凯一步步破坏共和并最终抛弃共和，直接称帝，后有张勋带着辫子军进京复辟旧王朝，可见，封建君主专制并不会自动退出历史舞台。但是，无论是袁世凯称帝还是张勋复辟，最后都以失败收场，这就意味着，辛亥革命之后，再有人想要回到君主专制时代，人民已经不答应了。因此可以说民主共和观念深入人心。

⑤社会生活变迁：

投影显示：剪辫子图片和《近代中国社会的新陈代谢》内容节选，直观感受辛亥革命后生活的变迁。→移风易俗，社会生活近代化。

投影显示：

1914年1月正式解散了国会，2月又相继解散了各地自治会及各省议会，5月废止了《中华民国临时约法》，并公布了经过增修的《中华民国约法》，规定“大总统为国家元首，总揽统治权”，取消责任内阁制和国会对总统行使权力的一切牵制，大总统实质上已拥有至高无上的专制皇帝的权力……当民国丧失了国会和《临时约法》的时候，民国便只剩下一具躯壳。

——陈旭麓《近代中国社会的新陈代谢》，第347页

并设问：根据材料结合所学，分析袁世凯是如何破坏共和的？

（解散国会等代议制机构，废止可以约束总统权力的《临时约法》，制定总统总揽大权的《约法》，使共和和民国有名无实。胜利果实被窃取，反帝反封建的历史任务也没有完成。→假共和）

投影显示：

（大清宣统五年，正月初三）自变乱以来，一切新党竞袭洋夷之皮毛，不但遵行外洋之政治，改阴历为阳历，即服色亦效洋式，而外洋各国之夷蚕食鲸吞，日甚一日……来拜年者五十余人，皆系便衣便帽，无一顶戴之人，间有洋帽之人，较上年之情形迥然不同。

——刘大鹏《退想斋日记》

判断史料的价值，应从分析史料的类型、作者的身份、创作意图及其所处的时代入手。这则1913年的日记材料属于什么史料？从这则史料中可以获取与辛亥革命相关的哪些信息？这些信息对我们评价辛亥革命有什么价值？

设计意图

这是来自农村士绅代表的日记，非常直观地反映了辛亥革命所带来的一些变化，可用以引导学生理解辛亥革命另一面，学会用辩证的思维看待事件。

民生主义，即平均地权，核心是土地问题。在辛亥革命成功后，革命党人并未对封建土地所有制进行改革。→未解决土地问题。

（2）历史任务是否完成：

反帝反封建是近代民主革命的历史任务，辛亥革命没有明确反帝，也没有改变中国的半殖民地半封建社会的性质。→未明确反帝，未改变社会性质，未完成近代化转型。

设计意图

以史料为抓手，设问引发思考；以问题为引领，助力思维养成。

陈福锐：寓情于境，寓乐于教

个人简介

陈福锐，女，中学历史高级教师，连平县教育局教研室教研员。连平县历史学科带头人、历史中心组组长，高考评卷员，河源市教学大赛评委。黄洪章名教师工作室学员（2018—2020）。曾荣获省名师工作室优秀学员、市先进教育工作者、市优秀团干部、市三名工作室培训优秀学员、县优秀班主任、县优秀教师、县优秀指导老师等称号。曾获市论文评比一等奖、市课例二等奖、市解题能力大赛优胜奖、县课例一等奖、县优秀示范课等奖项。参与省、市级课题研究，主持县级课题，发表论文6篇。

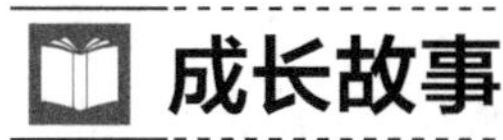

成长故事

在折腾中成长，在成长中提升

教育是一场漫长的修行，一路走来，经历了很多，每一次的转身，都为遇见更好的自己。正如土地里那努力冒出头的嫩芽，枝头上那破茧而出的蝴蝶，每个人的成长都要经历长期的过程，并且都不可能一帆风顺，毕竟“人间正道是沧桑”。个中滋味，唯有局中人自知。

一、一步一脚印，一步一提升

2002年9月，当我踏入家乡母校上坪中学的时候，来不及回忆，心中带着世事轮回兜个圈的惆怅和未展身手翼先折的不甘。不过，一个班的班主任、六个班的学科教学，任何情绪都被繁忙的工作冲淡了。本身追求完美的性格特点，高度的责任心，细致的工作作风也使得我很快适应了教师生活，并且开始做得有声有色起来。其中印象最深刻的还是我带的第一个班，班上最调皮的三个男孩子，经常迟到、旷课、捣乱，经常大事不犯，小事不断。首先，我对他们进行家访，了解到他们竟然同村，并且村里风气散漫，大人对小孩的教育根本无所谓。在我几次苦口婆心的劝说下，家长们支持进行家校合作了。其次，我让他们由外宿转为内宿并把他们分在不同的宿舍，保证了纪律。最后，我把他们各自分到优秀学生的学习小组中，“以优带潜”，让他们成绩得到提升的同时心理得到升华。我所带班的班风学风都得到了扭转，那是我拿到的第一个“优秀班集体”荣誉。在上坪中学的六年，日子虽然平淡但也充实，我完成了从青年教师到骨干教师的转化。

2008年9月，在国家重视城市建设发展的背景下，农村编制人员想要进城举步维艰，但当时恰好遇到元善中学补充教师，凭借丰富的教学经验和从未停止对自身提升的干劲，我竟然顺利进城了！县城的孩子远比农村的孩子调皮，所以班主任工作更繁重。我当时担任了两个比较落后班级的课，学生鸡飞狗跳，上课东窜西跑，很多老师连课堂都维持不了。记得当时那么瘦弱的我，带着扩音器都在竭力嘶吼，努力稳住课堂秩序，尽力在学生躁动的心灵和脑海里留下些许我的痕迹，学生们没想到温柔可人外表下的女老师会是一个灭绝师太，每天下班回来整个人就像冲锋陷阵一样差不多累得虚脱。但最后我所担任的班级纪律和成绩都是最好的。那是我对学生最严厉的一年，缘于身为教师的使命和责任，即使时光倒流，我依然不会眼睁睁地看着懵懂的孩子们虚度光阴，因为往往等到生活的教训到来时已经迟了。在元善中学的时间虽然短暂，但却是我教师生涯中最为难忘的回忆，当时得到了学校领导、老师和学生们的高度好评。

2009年9月，机遇再一次降临，无关乎地位和名誉，也不是对工作或人事有情绪，就是想不断地证明自己，超越自己。因此，我调到了附城中学，学科由主要的政治转为历史（我的大专为政史专业），学段也从初中跨越到了高中。附中是普通高中，学生生源素质虽然不高，但只要用心，反而更能看到效果和成绩。在附中印象最深刻的是2009—2012年我从高一带到高三的那届学生，学生生源差，成绩跟重点高中不可同日而语，但我从没带过那么懂事又听话的学生，整个班级在班委的带领下自律、自尊、自强，不管老师在不在，他们都一如既往，真的，就连每次考试都不需要老师监考，除了安静且绝对不会出现作弊行为。他们考上大学后我问过他们是怎么做到的，他们都说“有什么样的班主任，就有怎样的学生”。我倍感欣慰，为学生们也为自己感到自豪！因为，就算是在得过且过的大环境中，我始终未放弃对自我的严格要求：除了竭尽所能带好班级上好课外，还积极参加每一个学习和培训；积极撰写教育教学论文并获奖或发表；主持县级课题并编写《连平历史》；积极参加各级教学教研活动并获奖。在附中的十年，是我人生中一个重要的成长和蜕变的时期，在不断的积累和沉淀中我完成了从骨干教师到历史学科带头人的提升。

二、一步一提升，一步一飞跃

2018年冬，我成为广东省黄洪章名教师工作室的一员，找到了组织，有了一个新的平台，我有了一种被幸运之神眷顾的感觉。接下来，在工作室主持人的带领下，到龙川、梅州、河源、深圳、北京等地聆听了魏明枢教授、柴纯青教授、何泗忠教授、王栋昌教授等名师大咖的专题讲座，使我在历史学科理论和实践方面都得到了大大的提升，也得到了叶江楠老师、刘伟华老师等专业人士的指导和帮助，还遇到了何龙、王莹珠、陈飞、程广敏、谢禄雨、李丽、赖丽娴、赖维丽等一大帮志同道合的朋友。还记得到河源中学进行历史研讨的那次，因为高速封闭，一个人夜晚开车从蜿蜒崎岖的山路心惊胆战地回来，黄老师知道后对我说："福锐老师是最勇敢的。"当时听到这句话我紧绷着的心突然萌化了，就像得到糖果的那个孩子。我想黄老师应该不仅仅感受到我每次孤单来回奔波时的胆量，更是觉得我像奔赴在教育路上的一位勇者。在工作室的两年时间里，是我成长最快速的时期，使我有机会尝试着向专家型的教师飞跃，让我得以站在更高更广的平台仰望历史的星空。虽然我不是千里马，但黄洪章老师、叶江楠老师等人却是我心中伯乐般的存在。

三、一步一飞跃，一步一涅槃

2019年9月，是我教师生涯中一个重要的转折点，我被借调到连平县教育局，告别了17年的讲台，到教研室担任中学历史教研员，并且负责整个连平22所初中的教研事务，这意味着我不仅要从教育的高深度，还要从教育的宽广度不断挑战自己。面对全县教学教研的重担，我深知自己还有很多不足，倍感肩上责任重大，丝毫不敢松懈。教研室工作量巨大：做材料打印证书，成立学科群，成立历史中心组，培养初中、高中历史兼职教研员，深入课堂听评课，深入学校调研，制订初中协作区计划，组织协作区活动，组织教师学习培训和交流，组织初中、高中历史教学大赛，组织中考、高考备考研讨会，组织全县教学工作会议，协助市局送教下乡活动，组织教学联盟活动，组织"双减"形式下的作业设计活动……每一件事都是对我的考验，我曾开玩笑地说：“从来没有人问你会不会，你做就对了。”每次想要放弃时，都得到朱团兴副局长和曾炼主任的鼓励及支持。事实证明，思想是行动的利器，手到是心动的法门，任何事情，只要你肯去做，经历过了，就一定会有收获。在教研的这两三年，我学会了独当一面，无论是我的专业知识和能力，还是学科素养和情怀，抑或是个人的视野和格局都得到了凤凰涅槃般的重生。

还在不断前行的路上，经历丰富了人的阅历，或许在别人看来是一种折腾，但我坚定自己需要的东西：那就是不断完善自己，不断站在更新的高度，做一颗散发着个人魅力的璀璨的星星！

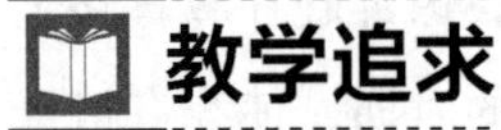

教学追求

寓情于境，寓乐于教

——让学生在情境中快乐地学习

我对历史的执着与热爱并不是与生俱来的，学生时代也只是把它当作必考的一门科目，工作后起先教的也不是历史而是政治。后来在机缘巧合之下担任历史教学并重新审视历史，才发现历史是很有魅力的一门学问，确定不是因为政治理论的枯燥乏味而一时兴起，就像是“众里寻他千百度，那人却在灯火阑珊处”的小确幸和惊喜。

历史是客观存在的，无论文学家们如何书写历史，历史都以自己的方式存在，不可改变。而情境，是在一定时间内各种情况的相对的或结合的境况。其实，所有的历史都是一种特定的社会情境，或者说历史是依托一定的社会情境存在的。而历史教学，就是如何将一定的社会情境和教学情境、学习情境相融合的问题。所以，历史绝不是照本宣科，死记硬背那套传统方式可以迁就的，所有的历史教学都可以在一定的情境中完成，“境”是最大限度地还原历史，“情”是在“境的基础上”力所能及地感受历史，并做到以史为鉴，落实历史学科核心素养和立德树人的教育教学的根本任务。

寓情于境是我历史教学的重要理念之一，贯穿于我的整个历史教学阶段。其实情境教学法在中学历史课堂的运用已经相当普遍，就是借助视频、音频、PPT等各种多媒体手段，以史料和问题搭建起情节相对完整的历史情境，帮助学生“情入”历史，探究具体时空背景下历史人物的选择和历史事件的逻辑，从而对历史感同身受。通过这种方式，学生感到历史并不是空泛苍白的过去史事，而是离自己并不遥远的活生生的事实。

历史既是一门饱含思想的学科，又是一门富有魅力的学科。没有思想的课堂是没有灵魂的课堂，缺乏魅力的课堂也不可能是有趣的课堂。让学生喜欢上历史进而热爱历史，是我历史教学的重要目标，我国春秋时期的大教育家孔子也曾说：“知之者，不如好之者，好之者，不如乐之者。”亲其师，才能信其道。要让课堂快乐的诀窍之一，就是先要让学生喜欢上你。容貌虽然不能轻易改变，但我们可以通过衣着、表情、谈吐、专业知识、能力和素养等方面提升自身的人格魅力，在师生共情中不断让学生折服。没有什么比走在课室走廊上听到“下节课是历史啊，我最喜欢了！”“我最喜欢历史老师了！”“嘘嘘，别吵，历史老师来了，历史老师来了！”更让人心情愉悦了。所以，寓乐于教也是我遵循的重要教学理念之一。

寓情于境，打造有思想的课堂；寓乐于教，营造快乐的历史课堂，我主要是从以下几个方面入手。

一、精心设计课堂引言

好的开始，是成功的一半。教师应根据教材特点和学生实际，设计好课堂的导入，重现历史情境，激发学生的兴趣，让学生在强烈求知欲的支配下主动参与课堂教学。例如，在学习必修2“发达的古代农业”时，笔者首先播放黄梅戏《天仙配》中的一段录像，很快就把学生带入当时的情境。除此之外，笔者还尝试采用时事新闻、家乡名胜、成语故事等导入新课，极大地激发了学生的学习兴趣，让学生在历史情境中快乐地学习。

二、充分利用教材资源

教材中有许多关于历史人物、历史事件、历史器物、历史遗迹的图片，可谓第一手资料，它们直接、形象地记录和显示了历史的真实状态，既有助于构建历史情境，又有助于激发学生的兴趣，也有助于理解和记忆所学内容。历史图片的运用还能训练学生从中获取有效信息的能力，可以培养学生的观察力，引起学生联想，促进其思维活动。如在讲授“秦朝中央集权制度的形成”时，笔者让学生观察秦始皇像后进行描述。一位学生说：“秦始皇双目炯炯有神，两眼虎视眈眈，流露出他威震六国、一统天下的勃勃雄心；他头戴挂满珠子的皇冠，身穿绣花龙袍，腰佩宝剑，这身打扮显示了他那唯我独尊、居高临下的帝王身份；他面带微笑，仿佛为自己功高盖世、流芳万代而流露出扬扬得意的满足感。”这位学生短短几句话的描述，把秦始皇的特征刻画得淋漓尽致，让听者如见其人、如闻其声，激发了同学们了解相关知识的渴望，既有情境又轻松快乐。

三、巧用对联诗词口诀

很多对联或民谣常常反映了史实，且颇有韵味，朗朗上口，能给人留下深刻印象，是再现历史情境，激发学生兴趣的好素材。如讲到黄花岗起义时，笔者利用了黄兴写的一副对联：“七十二健儿酣战春云湛碧血，四百兆国子愁看秋雨湿黄花。”这副对联反映了壮烈的黄花岗起义，表达了黄兴对烈士的高度评价和深刻怀念。在评价宋教仁时可以利用孙中山先生为其写的挽联：“作民权保障，谁非后死者；为宪法流血，公真第一人！”该挽联展现了宋教仁重要的历史活动、功绩，高度赞扬了他捍卫共和宪政的精神，表达了革命党人前仆后继誓死保障民权的决心。这种方法的运用不仅能激发学生兴趣，服务于历史教与学，而且使学生受到传统文化形式的熏陶，开阔了学生的视野，使他们认识到史料种类的多样性。

中国优美的古典文学能让学生赏心悦目，将文学和历史结合起来，枯燥的历史知识会变得生动而有趣。在讲唐朝的诗歌时，笔者引用了高适的“大漠穷秋塞草腓，孤城落日斗兵稀”和岑参的“四边伐鼓雪海涌，三军大呼阴山动”的诗句，引领学生在诗歌中捕捉诗人的豪迈，体会开拓进取的唐朝风气。笔者还引用“仰天大笑出门去，我辈岂是蓬蒿人”来表现李白的伟大抱负，用“安能摧眉折腰事权贵，使我不得开心颜”来表达他的不屈人格。这样，让学生在文学艺术的享受中完成学习任务，也使历史教学充满了情境和诗意，自然，也有利于提高学生的欣赏能力。

口诀既可帮助学生记忆情境，也可激发其兴趣。如讲述八国联军侵华时，如何准确记忆八国成为难题，笔者把课本上的“英美俄日法德意奥”颠倒为“英法美俄，日意奥德”，读来朗朗上口，既能激发学生兴趣，也便于记忆。又如《南京条约》是近代中国历史上的第一个不平等条约，其内容可以归纳为：哥（割）赔五双鞋（协），这就概括了割地、赔款、五口通商和协定关税等主要内容。师生的教与学都轻松快乐。

四、合理利用直观材料

直观现象的材料能再现历史，充分调动学生的各种感观，真实呈现历史，使历史教学更形象、生动。如在讲述中国古代绘画时，笔者会将平时收集到的画作展示在学生面前，使学生能近距离体悟前人的艺术成就，讲现代中国的科技时，笔者给学生播放了一些介绍中国科技成就的录像材料，以激发学生为振兴祖国的科学事业而创造性地学习，增强学生的创新意识，做到寓情于境，寓乐于教。

如在学习鸦片战争、甲午中日战争、第二次鸦片战争等内容时，可以组织学生观看《林则徐》《甲午风云》《东京审判》等影片的片段。直观的电影情境较容易吸引学生的注意力，正确运用这些电影片段可以激发学生学习的兴趣和主动性。再结合教学内容和音乐、影视片段的内容，提出一些问题让学生思考或讨论，让学生对从歌声、影片中唤起的情感因素进行理性的思考，能更好地发挥音乐和历史影片在历史课教学中落实家国情怀的积极作用。

如讲述巴黎公社时播放《国际歌》，讲改革开放、十一届三中全会召开时可播放《春天的故事》，讲“一国两制”、港澳回归时可以播放《七子之歌》，这样能使学生从新的视角审视历史情境，在新奇中增强求知欲，从而有利于实现知识、能力、觉悟三者的统一，使学生轻松愉快地学习相关知识。

寓情于境、寓乐于教是相辅相成、不可分割的，情于境中产生，乐于教中形成。总之，在教育教学改革不断深化的今天，如何寓情于境，寓乐于教，使学生“知之，好之，乐之”，让学生获得持续的学习兴趣与能力，是一个不可忽视的永恒的课题，值得我们不断探讨和实践。

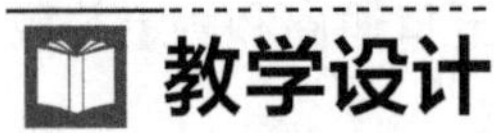

中华文明的起源与早期国家

一、教学目标

了解石器时代中国境内有代表性的文化遗存，从“时空观念”的角度认识中华文明起源的特点。增强学生民族自豪感，培养家国情怀。搜索甲骨文、青铜铭文及其他文献记载等相关史料，从“史料实证”的角度认识考古材料与传世文献在研究早期国家起源中的作用。结合考古发掘成果，从“唯物史观”的角度认识私有制、阶级和国家产生是生产力发展的结果。通过王位世袭制、分封制和宗法制等概念，从“历史解释”的角度认识中国古代家国同构的政治特点。

二、教学过程

（一）课前导读

展示初中部编版教材、高中岳麓版老教材及高中统编新教材的图片，提问学生对三种教材是否熟悉？

设计意图

既进行初中高中历史的衔接，又以图片调动学生思维和兴趣，体现寓乐于教的教学理念。

（二）展示教学目标图示

教师解读，学生朗读。

设计意图

学生明确本节课的主要任务，使用任务或者目标导向，明白主旨。

（三）导入新课

（1）展示第1课的三个子目结构图；（2）插入视频《人类的起源》，提出设问："我是谁？我从哪里来？要到哪里去？"学生通过阅读图片，带着问题进入新课。

设计意图

视频的插入可以更加直观，使学生很好地寓情于境中，激发学生学习的兴趣，使教学资源更加丰富。

（四）新课活动环节

1. 石器时代的古人类和文化遗存

（1）自主学习，填写表格：让学生阅读第2—4页内容，把新旧石器时代的时间、生产工具、文化遗存、生活方式、社会组织等内容进行区分，然后让学生完成填写。

设计意图

填写表格可以锻炼学生概括和整理的能力，知道对时间和空间的对比，建立时空观念，落实时空观念学科核心素养。

（2）插入游戏，进行PK：两两组合对手上台PK，把属于新石器时代的内容选中即得分，最后看得分的高低决胜负。

设计意图

插入游戏，让学生在乐中学，在学中乐。

（3）欣赏图片，感受历史：把自己在国家历史博物馆看到的历史文物图片展示给学生，让学生从视觉上感知历史，同时在音乐的伴奏下欣赏历史图片，让学生在身心放松的情况下感受中国历史的悠久、中华文明的伟大。

设计意图

增强民族自豪感和自信心，落实家国情怀学科核心素养，体现寓情于境，寓乐于教。

（4）随堂练习，学以致用：提问学生，让学生回答问题，并说出选择的理由和依据。

设计意图

可以进行一手资料和二手资料的区别并指导学生做题方法与技巧，随堂练习让学生及时巩固所学，掌握答题方法和技巧。

2. 从部落到国家

（1）展示图片，让学生讲故事：三皇五帝是谁？并让学生说说他们熟悉的历史传说，教师再进行总结。

设计意图

学生结合课文内容回答问题，畅所欲言地告诉大家自己所知道的故事或传说，使学生学会表达并对史实和传说进行区分，明白史料实证的要求，落实史料实证学科核心素养。

（2）图表演示：根据图片展示及课本直接归纳古人类的演变到国家产生的过程。

设计意图

学生归纳过程，并明白思维导图的形式，通过图表及思维导图，更加直观地让学生了解历史的演变及生产力决定生产关系的唯物史观的渗透，落实唯物史观学科核心素养。

（3）人物画像展示及故事的穿插：引导学生讲述大禹和启的故事，并对世袭制、禅让制、国家等概念进行讲解，学生进行故事的描述及概念和知识点的识记。

设计意图

通过学生的故事讲述，既有趣味又能进行历史解释核心素养的培养。既体现了寓情于境，又体现了寓乐于教。

（4）夏朝文明欣赏：插入音频，展示二里头文化遗址复原图、松石、骨猴图片。

设计意图

学生欣赏，品味历史，感受历史。

（5）展示随堂练习，巩固所学：进一步巩固所学及对学生历史学科思维能力的培养。

设计意图

教师提问，学生回答问题，并能清楚答题的依据及技巧。

3. 商和西周

（1）展示知识，提问问题：甲骨文文字中体现的是我们现代的什么字？两个青铜器的名称各是什么？教师提问，学生回答问题。

设计意图

通过甲骨文文字猜字活动让学生体会古人的伟大及中华文明开始，使学生对历史产生共情。

（2）讲解西周的演变及讲述周武王和国人暴动的历史故事，学生听讲并补充烽火戏诸侯的历史故事。

设计意图

让学生学会辩证地看待历史事件和历史人物的思维。

（3）展示地图、分封示意图、知识结构图、思维导图：让学生了解和掌握西周政治制度中的分封制、宗法制和礼乐制。学生看题，提取知识，回答老师的问题。

设计意图

通过故事讲述、地图、思维导图等不同的形式，让学生在情境中快乐地学习。

（4）展示材料：通过材料的展示，让学生更加了解商周时期的社会经济。学生阅读材料，归纳知识，突破本课的难点。

设计意图

通过材料的阅读和归纳，培养学生的综合素质和能力。

（5）探究活动：中国早期国家的特征。

设计意图

让学生表述，锻炼学生的综合概括能力。

（五）课堂小结

用一个时空坐标图，简洁明了地把这课书的内容很好地概括和展示出来。让学生在情境中快乐地学习，整体把握整课的内容，回顾所学、巩固所学。

叶怡芳：
灵动课堂，丰润思想

个人简介

叶怡芳，女，河源市田家炳实验中学教师，历史教研组长。黄洪章名教师工作室学员（2018—2020）。曾获第三届广东省中小学青年教师教学能力大赛二等奖，河源市优秀教师、高中青年教师教学能力大赛特等奖、第二届历史微课大赛一等奖、中小学优秀课例、历史课件比赛三等奖等奖项荣誉。主持市级课题1项，参与省级课题2项、市级课题3项。在省级以上刊物发表论文9篇，市级获奖论文4篇。

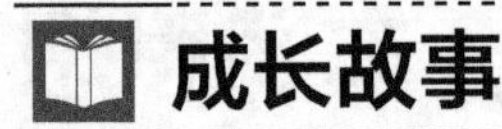

阳光从教，幸福成长

2006年大学毕业后，我踏上了历史教育之路。从教十余载，教育初心从未改变。我始终坚持做一个阳光教师，给予学生阳光，让学生在历史课堂中感受到历史的魅力。回首10多年的工作经历，我的每一步专业成长，每一次自我提高，都离不开我一直坚持的教育初心和教育理念，让我的历史课堂越发灵动活泼。

一、入职的磨炼期：虚心求教，努力追赶

刚入职那会儿，我看起来不仅样子稚嫩，课堂教学也是欠“火候”。作为一个新老师，担任了班主任工作，又承担了8个班的历史课程，工作忙得焦头烂额，备课无从下手。我深深明白，如果不积极改变这种状态，工作将会一团糟。于是，每天处理完班级事务后，不管多晚，哪怕是晚上十一二点，我都会拿出教材和教案本，认真琢磨教材和课程标准，做好标注；一开始我怕自己出错，甚至把教案详细到上课要讲的话，内容的过渡都明明白白地写在教案本上。为了尽快熟悉业务，胜任教学工作，我虚心求教，主动找了教研组组长杨永利老师、教学教研李云龙主任和温仕雄主任，请求随堂听课，努力追赶，能尽快让自己的课堂变得更加“成熟”。经过了一段时间的学习和追赶，我对自己的课堂越来越有信心，课堂的把控力也强了。在前辈们的指导下，2008年我在学校优质课比赛中，因为《雅典的民主政治》课件设计新颖，采用了漫画的形式，受到了学生和评委的一致好评，获得文科组二等奖，这让我信心满满，

也让我在科组里慢慢地成长起来，并且被“看见”。2010年在河源市教育局、深圳市教育局与岳麓书社共同举办的研讨会上，科组推选我代表河源市上了一节教材回访示范课《罗斯福新政》，一如以前，我发挥教学风格特长，设计新颖，甚至在讲课时把英语都用上了，这节课也是好评如潮。但是也正是这次研讨会，让我对自己有了反思和审视。我清晰地记得研讨会上的专家们点评我的课时，肯定了我对教材、课程标准的理解和把握，但是专家们指出：“教学的设计环节是新颖，但是是否只有新颖，而缺乏对学生深度思考的引导？”专家们的话让我醍醐灌顶，这正是我最最缺乏的，历史教学不应该只有一个看似活泼新颖的花架子，而应该让学生有着深度的思考，这也就引领着我的历史课堂发生了质的改变和飞跃。

二、课堂的转变期：有趣课堂，深度思考

改变课堂，先改变备课。自从那次研讨课之后，我一直在自我反思，我认为我的备课更多地放在了怎么让这节课有活动，为了活动而活动，但是其实热闹之后，思考下来是否少了些思维的培养，而归根结底，就是阅读太少，缺乏理论支撑，也缺乏知识的沉淀。如果把历史课比作一个人的话，那么这个人不仅应该有筋骨、有血肉，还应该有头脑、有灵魂，这样的历史课才是有生命的灵动的历史课，这也正是我所追求的历史课堂：有趣有灵魂。于是我开始广泛读书，特别是关于深度教学的理论和批判性思维的培养方面的书籍，慢慢地，我的课堂开始发生了改变。比如我在学校优质课比赛中，在设计《辛亥革命》一课时，我从“低烈度，大革命”的角度入手，精选了史料和视频、图片，让学生从不一样的角度认识辛亥革命，并且把辛亥革命放在整个中国近代史，乃至中国共产党的历史当中去评价辛亥革命，让学生有了更深入的思考。在高三的一节史料实证课堂中，我采用了历史小小侦探的模式，让学生根据我给出的史料探究得出梁启超割肾之谜。为了调动学生的课堂积极性和小组合作精神，我采用了活动课的形式，创新地把全球化与构建人类命运共同体这一知识，分为几个活动主题，让学生分组准备，教学效果良好。这样的课堂，既有趣味又有思维，学生既有兴趣又有启发。而讲授这样课堂的老师，也备受学生喜欢，

由此我多次被评为最受欢迎教师。作为一名教师，我认为课堂就是播种的地方，也是收获的地方。历史课堂的改变，让我收获了很多，不仅有学生的喜爱，也有各种奖项，我想这就是一位老师收获的满满的幸福感。

三、风格的淬炼期：加强研究，干货满满

2018年有幸加入广东省黄洪章历史工作室，成为工作室的核心学员。在主持人的引领下，在工作室提供的平台下，我快速成长。特别是在学习和培训的路上，一次次的鞭策，一次次的鼓励，让我在漫漫的教师成长路上，对我自己未来的教师生涯有了更多规划和思考。通过与名师面对面的交流和对话，我感受到了他们的信念和坚持，情怀与激情，执着的研究情结。每一位名师成长经验中都离不开阅读。多阅读，就能积累更多的知识；在教学实践中不断反思，形成自己的教育主张与风格。在最近几年，我始终带着激情，让我的课堂充满感染力，但是作为一名教师，想要成为一名优秀的教师，只有课堂远远不够，一线教师从来不缺教育实践，我们所上的每一节课都是实践，但是我们缺乏的是教育理论的支撑和更新。为了提升自己的学科素养，为了让自己离优秀更近一些，我阅读了大量的教育教学著作和教学研究论文，还了解了学科教学理论。为了提高自己的教学水平，我在备课前准备了大量学术研究的资料，看名师的课堂实录，讲评试卷的时候做到题题明出处，题题讲方法。伴随着自己对教学教研的不断思考，慢慢自己成长了。记得这几年教师节和毕业的学生给我写的信中，学生们都谈到了一句感谢的话语：“感谢芳芳老师，感谢您激情的课堂，感谢您干货满满的课堂！”同时，我开始努力开展课题研究工作，我积极参加省、市级课题研究。研究课题并不为了岗位晋升和职称评定，是为了更好地成长为一名研究型的历史教师，这是我努力的方向。作为一名优秀的教师，手上永远要有一个课题，成长永远在路上。伴随着新教材、新课标、新课改的到来，作为学校的历史教研组长，我组织教研组老师开展基于核心素养下的历史大概念单元教学设计的研究，在教研院的带领下，引领教研组成员开展历史批判性思维的教学研究。在课题研究的引领下，我不断学习，不断研究，不断探讨，这是我教师生涯规划中重要的一项，也是

我需不断努力的目标。

回首十余年的教学之路，有过挫折，有过迷茫，但是每一次的困惑都给我带来更大的动力，正是这些困惑让我不断地往前探索，让我成为更好的自己。在未来的教育教学路上，我将继续探索，不断学习，去反思，去锤炼，将更加注重细节、积累、反思、提升，让我的教学风格更加成熟，让我的课堂更加吸引人。我坚持做一个阳光教师，给予学生阳光，让学生在历史课堂中感受到历史的魅力。期待有那么一天，自己也能成为别人心中的名师！

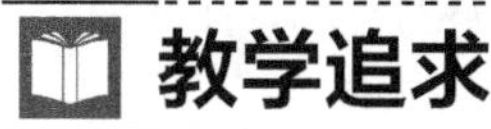

教学追求

灵动课堂，丰润思想

——让学生爱上历史课

从教以来，我被问得最多的让我为难的问题就是："老师，你有历史答题模板吗？就是考试直接在课本上会考的那种资料？"每次被问到这种问题，我都选择沉默，笑而不答。当然，这个笑是苦笑，这个不答是无奈。我一直都在思考：是什么让学生有这样的错误认知，让学生对历史毫无兴趣，让学生选择历史是因为"背多分"？因此，10多年来，我一直都在想办法让学生能够真正地爱上历史，爱上历史课堂，看到历史老师眼睛有光，闪着崇拜的光。我一直坚持自己的教学主张：打造灵动课堂，丰润学生思想，让学生爱上历史课。

一、灵动丰润的教学主张之主旨

何谓灵动，"灵"即强调历史教学要有灵魂，要有对历史问题的思考，一堂好的历史课也要有课魂，历史课不是简单讲述故事，也不是简单讲授知识，总结提纲，而是要引发学生的深度思考，这才是历史教学的灵妙所在；“动”即强调历史教学的师生对话，课堂互动，课堂的活跃，通过创设历史情境，丰富史料的呈现，灵活多样的教学方式，让课堂活起来，学生动起来；所谓丰润，即是通过打造灵动课堂，培养学生的历史思维能力，发展学生历史核心素养，真正地落实立德树人的目标，让学生改变对历史课堂的认知，爱上历史课。

二、灵动丰润的教学主张之实施

在新课程改革下，坚持着灵动课堂、丰润思想的教学主张，我在不断地凝练自己的教学理念，巧用不同的教学方式，让历史课堂变得更加灵动有灵魂。

（一）灵动课堂，巧用活动，活跃氛围，提高效率

在参加北京大学高级研修班时，名教师李晓宇老师曾说过：“我们的学生想法很多，脑洞大开，他们会给你意想不到的东西。”确实如此，在平时教学过程中，也会发现当你给予学生更多的自主学习和展示的机会，学生会给你惊喜，让你的课堂变得灵动有趣。我在讲授“全球化”这部分内容时，通过《中外历史纲要（下）》的活动课“放眼世界，推动构建人类命运共同体”作为知识的总结和提升。既然是活动课，那肯定要突出学生活动，而不是教师活动。这节活动课注重让学生自主学习，教师引导，课堂展示，整节课的主题都是学生。学生课前分组，分工搜集资料，制作课件，组长上台展示，很好地体现了学生的小组合作与探究。我结合了教材，将课程分为四个活动主题：一是构建人类命运共同体之前的世界；二是构建人类命运共同体的时代背景；三是构建人类命运共同体与实现中国梦的关系；四是负起青春责任，建设人类命运共同体。课前我在朋友圈发表主题，学生们在朋友圈点赞留言发表意见，上课时挑选一些留言展示，同时在现场模拟朋友圈点赞留言，举手回答“我点赞我留言”，让更多同学参与互动，活跃课堂气氛。整节课通过活动的形式展开，各个小组勇于展示，通过视频、抢答、竞赛的方式，学生参与度高，活跃了课堂氛围，调动了学生积极性，课堂效果良好。通过这个教学设计，我更加坚定了我的想法：历史课堂并不刻板，我想要带给学生的就是这样灵动的课堂，真正的历史课堂应该是能让学生感悟到历史的魅力和趣味，是让学生每节课都渴望上历史课，眼睛带着崇拜之光上你的历史课。

（二）灵动设计，丰润思想，培养思维，发展素养

作为历史教师都明白，培养学生的关键能力和必备品格尤为重要。那如何培养？这也就是我们日常教学当中要不断探索的课题。我在教学中特别重视培养学生的历史批判性思维，发展学生历史学科核心素养。

在讲授《辛亥革命》一课时，为了培养学生的时空观念，我提前让学生通过预习，查阅资料，让学生通过手绘时间轴的方式，把辛亥革命的时间线索和历史事件的脉络理顺。这样，老师不需要花太多的工夫，就把该教的都让学生掌握了，又突出了学生的主体性，同时也培养了学生的时空观念。

作为一线历史教师，应该教学生去研究历史，而不是罗列出史实让学生记住；让学生学会批判性思维，像历史学家一样阅读、考察不同来源的文献史料以形成自己的结论，让学生在认识历史的同时，建立起批判性思考的能力。在高三复习课时，为了培养学生批判性思维和史料实证的核心素养，我特地设计了一节史料阅读课，让学生当一回小小侦探，查出光绪帝之死的原因。首先我做好了一个课前导学案，让学生在课前对学案里的史料逐一分析，对史料谈到光绪帝的死因进行归纳总结。课堂上我通过几个设问：这些史料哪些更可靠？单凭这些史料足够找出光绪帝之死的原因吗？那么还缺乏了什么？就这样，抽丝剥茧，一步一步引导学生如何通过现有史料解开历史迷雾，既让学生感到历史课堂就像侦探破案一般，吸引着他们，又通过课程培养了学生的思维，让本来枯燥无味的课堂变得有趣。

（三）灵动运用，巧借课前，培养能力，提高技巧

一节课40分钟是有限的，如何巧借课前，灵活运用各种方式，培养学生思维能力，提高学习技巧就变得特别重要。历史学科的核心素养和思维能力需要学科学业测量，培养学生知识迁移，能力运用尤为重要。在高三时，我改变了课前三分钟的方式，改变原有的朗读模式，采用了讲题模式，以小组为单位，每天历史课上，小组轮流派一个代表讲解一道与本节课所学知识相关的高考题，自然而然我就通过学生的这道高考题导入了本节课的知识复习。这个改变，让学生非常重视这个三分钟的讲解，课前小组合作讨论、讲解也能从考点、考向、解析这几个方面入手，通过日积月累的锻炼，学生的胆量大了，解题能力上去了，也让课前三分钟不再流于形式。一直以来，我都认为课前三分钟可有可无，其实不然，候课的效果完全取决于老师的利用，老师利用得好，课堂效果杠杠的，反之，那就流于形式，可有可无了。随着新教材新课标的到来，部编教材内容繁多，学生要吸收的知识不少，为了提高高一学生对历史学科的兴趣，课前三分钟我采取了播放视频的方式，这个视频是经过挑选，作为课堂的导入视频，课前让科代表在黑板上写出视频相关的问题，让学生带着问题观看视频，而老师讲授新课时自然而然导入课堂，这样既不会浪费课堂三分钟，也可以提高课堂效率。

直至前段时间，都还有高一新生问道："老师，你说周测考试书上能直接找到答案吗？有没有提纲给我们？"甚至有其他学科的老师问："你在历史课堂上讲梁启超割肾之谜，高考会考吗？"这些问题真的让一名历史教师深深地思考：学习历史为了什么？这也是每一位历史教师应该去思考的一个命题。历史老师要通过课堂告诉学生，学习历史不仅仅为了高考，更应该是为了培养学生应有的历史情怀和素养。正如钱穆先生在《国史大纲》的序言中写道："我们对于本国历史应该怀有一种温情与敬意。"这是钱穆先生对于历史的一种态度，也是我们教师对于历史的态度。正如中学历史名师苗颖老师在她的书上所说："高远的教学立意是灵动课堂的灵魂，顺畅的教学逻辑让灵动课堂充满灵气，多彩的史学细节使灵动课堂生动鲜活，多维的课堂对话增强灵动课堂的互动色彩。"作为一名历史教师，我离苗老师这样的名师还有很大的距离，但是我将不断努力，以名师为榜样，提升自我，让自己的课堂变得更加灵动，能吸引更多的学生，让他们爱上历史课。

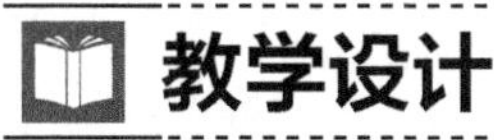

马铃薯的“全球旅行”

——全球联系的初步建立与世界格局的演变

一、教学目标

通过创设马铃薯的“全球旅行”生动的情境，通过史料的呈现，通过横向、纵向对比，让学生了解新航路开辟引发的全球性流动、人类认识世界的视野和能力的改变以及对世界各区域文明的不同影响，理解新航路开辟是人类历史从分散走向整体过程中的重要节点，从而培养学生的辩证思维、运用史料分析历史事件的逻辑能力和历史叙述、描绘、解释、推理能力等。

二、教学过程及设计意图

（一）油画引入，创设情境

通过教师展示凡·高的油画《吃马铃薯的人》，引导学生观察油画中餐桌上的食物，学生回答餐桌上有马铃薯等食物，教师引导这反映了什么问题呢？让我们一起看看马铃薯的“全球旅行”，由此导入马铃薯是如何传入欧洲，并出现在欧洲人餐桌上的。

设计意图

创设情境，巧妙贯穿整个课堂，激发学生兴趣，凸显灵动课堂的“动”。

（二）全球联系的初步建立

1. 人文地理：人口迁移与物种交换

（1）教师活动1：用史料创设问题情境。

材料1：马铃薯原产于南美洲安第斯山区，人工栽培历史最早可追溯到大约公元前8000年到前5000年的秘鲁南部地区。16世纪中期，马铃薯被一个西班牙殖民者从南美洲带到欧洲。1586年英国人在加勒比海击败西班牙人，从南美搜集烟草等植物种子，把马铃薯带到英国，英国的气候适合马铃薯的生长，比其他谷物产量高且易于管理。

——百度百科

学生活动1：根据材料请回答，马铃薯来自哪里？（美洲）马铃薯外传的原因是什么？（新航路开辟）

设计意图

通过马铃薯的“档案资料”，创设历史情境，回答为何欧洲人餐桌上会出现马铃薯——新航路开辟。该活动体现了顺畅的教学逻辑，衔接自然。

教师活动2：承上启下，引入概念。

教师提问：除了马铃薯还有哪些作物是属于美洲原产地？又有哪些物种是由旧大陆传入新大陆？（学生回答略）

教师讲解：“哥伦布大交换”是一场东半球与西半球之间生物、农作物、人种、文化、传染病以及思想观念的突发性交流，改变了欧洲人、美洲人、非洲人及亚洲人的生活方式。

学生活动2：展示四幅图片“英国人把沾染天花病毒的衣物送给印第安人”“天花病毒使南美州人口锐减”“运送黑奴的船只”“美洲人种分布图”，并根据所提供的全球联系的三要素——人口、物种、疾病来对这四幅图进行解释。

设计意图

通过概念的解读和情境创设、问题引导，让学生从不同角度去思考新航路开辟引起了哥伦布大交换，使全球联系初步建立，也同时推动了文明的相遇和历史的进程。该活动体现了灵动课堂的互动色彩和思维培养。

2. 经济联系：商品的世界性流动

教师活动3：创设问题情境，引用地图。

学生活动3：以马铃薯的旅行为载体，结合所学和材料、地图，概括分析当时全球存在几条全球重要贸易航线。

（三）政治格局：早期殖民扩张与世界格局演变

1. 早期殖民扩张概况

教师过渡：新航路开辟后，马铃薯开启了它们的“全球旅行”，那是谁去开启了马铃薯的“全球旅行”的？

学生回答：（略）

教师讲解：早期欧洲殖民国家通过殖民扩张，打破了在新航路开辟以前基本独立发展的亚洲、非洲、欧洲、美洲相对平衡的多元文明格局。

（1）教师活动4：教师通过PPT呈现早期殖民扩张的时间轴及关键词。

学生活动4：学生根据时间轴和教材知识，制作早期殖民扩张活动的表格，阐述15—18世纪的世界大国兴衰更替过程。

设计意图

通过自主学习，培养学生的归纳能力；通过时间轴展示，培养学生时空观念，该活动体现了灵动课堂的多维课堂对话，增强互动，课堂更加鲜活。

（2）教师活动5：创设情境，深入探究。

材料2：大国出入局（展示英国16—19世纪中期的发展示意图）

学生活动5：请结合上述材料和图片《西班牙“黄金漏斗”》，分析得出英国为何能成为当时最强大国家之一，并从中得到什么启示？（抓住了工商业文明、全球化、工业化转型机遇）

设计意图

通过问题探究，情境的创设，让学生深入了解大国兴衰更替的原因，通过历史知识的学习，以史为鉴，从中得到启示，从而培养学生唯物史观、史料实证和历史解释等素养，体现了灵动课堂高远的教学立意。

2. 影响

教师活动6：用史料创设问题情境（图片+史料）。

材料3：16世纪时，大量的黄金、白银进入欧洲，引起货币贬值，物价飞涨。这次物价上涨涉及了工业和农业的各种商品，上涨幅度前所未有，在时间上持续了一个世纪。

材料4：据统计：阿兹特克的人口在1520年有1200万人，但到了1600年已锐减到100万人。

——《欧洲史》

材料5：关于明代流入中国白银的估计，我国学者王裕巽通过对国内外史料的分析，认为明代中国从国外贸易中得到了超过3亿两的白银。

——韩琦《美洲白银与早期中国经济的发展》

学生活动6：小组合作探究。通过史料和图片分析新航路开辟与早期殖民扩张对欧洲、亚非美洲带来什么影响?

设计意图

通过小组合作，问题创设，培养学生史料实证的核心素养，同时也促进学生之间的合作交流。

李　丽：
“鲜活历史”构建活力课堂

个人简介

李丽，女，2015年华南师范大学历史学本科毕业，现为龙川县第一中学教师。黄洪章名教师工作室学员（2018—2020）。曾获荣誉奖项有：全国岳麓版高中历史教学大赛课件评比二等奖，河源市教学能手、高中青年教师教学能力大赛一等奖、高中历史课件制作大赛一等奖、高中教师解题能力大赛决赛历史学科二等奖，龙川县高中教师解题大赛历史组特等奖、“一师一优课、一课一名师”高中组二等奖、高中教师课堂教学大赛二等奖。参与省级课题研究两项，发表论文多篇。

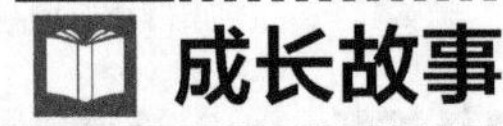

成长故事

在实践中反思，在反思中前行

那年秋天的阳光伴随着我的兴奋与期待，我踏入这个美丽的学校——龙川县第一中学。蓦然回首，不知不觉间，至今已近十秋。

一、在实践中反思

刚踏入社会、从事教师行业的时候，我是感觉非常自豪与骄傲的，因为那是我自小的梦想。人民教师，这是多么神圣而肩负重任的职业，像春天的阳光、秋天的微风，是那么的美好！但是，随着教学实践的接触，我发现了自己存在着很多问题。

教材内容要怎么把握？刚入职那几年，像大部分新教师一样，我几乎把时间都用到了备教材上面去了，从早上七点到晚上十点，每天忙着把教材、教师用书、各大网站及名师视频通看一遍，才开始拙劣地做自己的课件。日子过得很充实，但是效率很低，经常两三天才备了一个课时的课，在课堂上也忍不住把自己所准备的故事、野史都讲给学生，还自信满满地以为给学生上了生动有趣的历史课。直到考试，成绩不理想，我给学生分析原因的时候，一些学生才告诉我“老师，我们经常不知道你讲的重点是什么”。我深受打击、很困惑，我的重难点明明已经写在了课件和黑板上，为什么他们跟不上我的节奏呢？迟迟不能理解。我一直希望我的历史课是有趣生动的，既能拉近学生与历史的距离，还能建立清晰的逻辑体系，结果却不如意。

师生关系要怎么定位？与学生的关系，我觉得应该是朋友关系，就是那种可以互相交流知识的朋友，也总想着他们能喜欢我。为了和学生打成一片，我与他们一起聊八卦、打篮球、吃饭，等等。渐渐地，我发现有些比较少接触的学生会对我有意见，觉得我这个老师没有老师的样子，逐渐形成矛盾和分歧，甚至不听我讲的课，而那些喜欢热闹的学生也开始在我的课堂起哄，使得课堂气氛看起来很好，实际上有些学生却不能很好地听课学到知识。我就开始疑惑起来了，大学学习的教育学理论都说我们要与学生做朋友，为什么实践起来好像权威型教师会更加吃香呢？

我应该怎样做？有人说，名师是师德高尚、理念先进、学识渊博、业务精湛、教学能力卓越的人，是能够做到“站起来是一座山，坐下来是一本书，躺下去是一条路”的人。我未来想做一名怎样的教师？应该怎样才能成为那样的教师呢？这也是我毕业后经常思考的一个点。

二、在反思中前行

在我勤勉而笨拙的教学路上，命运的眷顾，让我遇到了人生中的两位贵人——黄洪章、何龙老师，他们主动带我参加许多教学活动和比赛，并且在过程中给了我很多很好的建议和指导，使得我在教学中遇到问题会作出更深的反思，并且改进，由此取得进步。后来我不仅参加了市、县举办的微课制作、教学能力、解题能力等方面的比赛，还参加了市外、省外的各种培训和讲座，取得了一点小成绩：在2016年北京师范大学中国教育创新研究院“全国岳麓版高中历史课题教学大赛”课件评比中获得二等奖，在2018年被评为“河源市教学能手”，在2019年河源市教育局举办的“河源市普通高中青年教师教学能力大赛”中获得一等奖……在参与这些比赛、培训、讲座的过程中，我对自己的问题作了进一步的分析，逐渐明晰了方向。

（1）在教学中追求怎样的课堂？我时常在想，历史课应该是怎样的？我心中的历史课，应该是有趣生动的，应该是令人视野开阔、恍然大悟的，应该是使人动情的。而在一路追寻渊博知识的路上，我忘记了，这里不仅是我的“一方净土”，更是学生们需要深耕的“万亩良田”。我逐渐明白了这些道理：课堂不仅是老师的，更是学生的，师生双方共同参与创造的课堂，才有可能是生动有趣的、令人恍然大悟的、使人动情的。此外，备课不仅要备教材、教参、课标，做到课堂目标明确、线索清晰，也要备学生，做到师生互动、思维激发，还要备环境，尽可能利用周边环境让学生更好地融入知识情景。课堂气氛可动可静，重要的是设立的那些具体的一个个小目标能否实现，能不能让不同层次的学生融入课堂中来，是不是清晰指向知识体系本身。

后来，在黄洪章老师、谢禄雨老师的指导下，我关注到了课件制作的逻辑性和更加注重内容的识别度、清晰度，在呈现教学内容时，尽可能调动学生不同的感官去体验，尽可能地设计思维逻辑连贯的具体问题来引导课堂；在建立知识的体系方面，可以选择思维导图来辅助；在讲重难点问题时，适当停留提醒并加以题目训练；在涉及课外知识时，尽可能讲一两例与课堂内容紧密相关的内容，注重去繁就简。学好就参加比赛：2017年龙川县教育局举办的“一师一优课”荣获龙川县高中组二等奖，2018年河源市教育局举办的“高中教师解题能力大赛”市级决赛荣获历史学科二等奖，2019年河源市教育局举办的“河源市普通高中青年教师教学能力大赛”荣获一等奖，2022年获得龙川县高中教师解题大赛历史组特等奖，2022年获得龙川县高中教师课堂教学大赛二等奖。这些奖项证明了我的想法是有道理的。

（2）与学生的关系应该先师生，再朋友。基于前面遇到的问题和困惑，我找来相关教育学理论的书籍，从中寻找答案。理论告诉我们，教师是知识的传播者和创造者、学习的促进者、教学的设计者、家长的代言人、社会规范的象征者以及人际关系的协调者，教师角色的复杂性使得我们不可能仅仅是学生的朋友这一层身份，我们身上有着更多更重的任务和责任，而为了更好的指导、促进、代言和协调，我们不得不与学生保持一定的距离。后来，我去询问了老教师们的建议后，总结了经验：在该讲原则、该严肃教育的时候不可嬉闹，在玩乐、日常交流的时候不必过于严肃呆板；在须给予必要引导和纠正行为时，不要怕得罪学生；在需温情以待、悉心关怀时，大方给予温暖；在课堂当中，应以教学内容为第一位，课外的交流可以放在课外时间去处理。这样有原则又有关怀、能严肃又可和蔼的老师形象是我努力的方向，我也做出了一些成绩，2021年组织学生参加中国社会史学会主办、南开大学中国社会史研究中心协办的第五届“燕园杯”获得了好奖项。我坚信通过不懈努力，我会成为自己想要的有原则又有关怀、能严肃又可和蔼的老师模样。

（3）职业生涯的努力方向。我的人生很简单——读书、教书，我的追求也很纯粹——当一名优秀的人民教师，这是我自小就立志要去做的一件事情。工作以来我参加了很多培训、讲座、研修活动（大多来自工作室提供的机会），它们让我对当前形势及个人定位有了更深刻的思考。要想职业生涯有成长，就要结合诸多因素，充分利用当下经验、资源优势和理论学习、时间经历、内驱力及家庭优势，还有平台、教育改革等带来的机遇等，作出符合自我专业发展的成长计划。而我未来要努力的方向是，成为一名坚定而自信、有丰富涵养、有科研能力、能够帮助引领他人的人民教师。为此，在教育教研道路上，我主动参与了“基于培养学生历史学科核心素养的教学设计应用研究”“工作室培养对象教学风格形成的行动研究”两个省级课题研究，并发表多篇论文。从中，我体会到了与名师同行、在平台中进步的重要性。

繁花在微风中随心飘动，在阳光中肆意生长。花的成长经历“发芽期—生长期—花蕾期”，历经艰难，最后尽情绽放。教师的成长也会经历一个又一个的难题，只有遇到问题然后解决问题，才能在不断反思中成长改进，成就更好的自己。在教学路上，我坚信终身学习的重要性，将始终保持初心，奋力追求心中的理想，去锻造自己的教学风格，去追求“教师有渊博知识、能师生互动、具有感染力”的“鲜活”历史课堂。

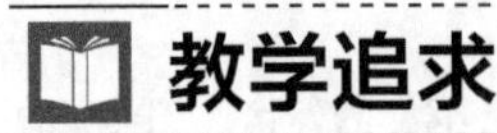

“鲜活历史”构建活力课堂

历史教育者在注重求真的同时，也要悉心保存历史的诗意，以此激活历史，引起学生对历史的兴趣，把学生学习历史的积极性调动起来。这也是我目前以及未来不断努力的方向：“鲜活历史”构建活力课堂。

一、鲜活历史的内涵

蒙田说：“用死板的书本上的东西去填塞儿童的记忆，这种教育所培养的只是迂腐的学究，而不是在各方面都得到发展的有文化修养的绅士。”那么高中历史课怎样才能不迂腐？我想这个问题至少应该从两方面来思考。

首先是高中历史课的对象和主体——高中生。高中生上与少年后期相接，下与青年中期相连，在身心发育和社会成熟方面有一些交叉，个体心理的发展会出现主要几个基本特点：一是成熟前的动荡性，表现为思维敏锐，但片面，容易偏激；热情豪爽，但容易激奋，有极大的波动性。抓住这样的特征，在选择教学的方式上，偏向有趣生动的鲜活人物、事件，利用他们的情绪情感体验，推动主动思考的能力培养。二是思维的发展性与不成熟性。高中生思维的独立性和批判性有明显的发展，但还很容易产生片面性和表面性，往往强调事物的某一方面而忽视事物的另一面。三是自我意识进一步增强，求知欲旺盛，外界的一事一物都会受到吸引。面对这样一个多元文化的信息时代，心智仍不成熟的高中生还缺乏对客观事物较为深入的了解和把握，容易受到表象的诱惑，他们理解知识时停留在文字表面，还不能很好地分析问题、深入理解事件。

其次是历史学科特征。历史是人类社会的发展历程，历史学是在一定历史观指导下叙述和阐释人类历史进程及其规律的学科。中学历史课程承载着历史学的教育功能，学生通过高中历史课程的学习，进一步拓展视野、发展历史思维，提高核心素养，能够从历史发展的角度理解并认可历史文化，有时代精神、广阔国际视野，树立正确的世界观、人生观、价值观和历史观。

正是基于高中学生和历史学科的这两个特征，我主张的"鲜活历史"指的是在教学中将历史化为鲜活的人、事、物，并提纲挈领地构建历史人物线、事件线、规律线，以求打造活力课堂，使学生能够切身感受历史的温度，由心而发探究历史真相，从而形成主动学习、探究问题的意识，实现以史育人的课程目标。

二、鲜活历史的路径

在具体的教学实践中，我深刻地感受到学生们对历史声音缺乏同理心，没法深入情景中去体会知识、感知历史，我尝试着用历史情景、人物生平为线索贯穿课堂，比如用林觉民的《与妻书》，从人物生死关头对妻子的情感中感受革命的艰辛和时人为革命牺牲的意志；用张学良丧父托城的处境来理解"改旗易帜"的无奈之举；用张纯如以生命献身史学真相来体会为学者的伟大，以及南京大屠杀背后真相的残酷性暗示史学之路需要我们的严谨与努力，等等，这些鲜活的"人物线""事件线"来帮助学生建立对历史的直观的情感体验、培养对历史真相的分析与主动思考的能力，发现背后的"规律线"，真正地感知、分析和理解历史。

（一）不忘"人物线"

面对复杂而繁多的历史知识，我们的教学应该利用史料中那些鲜活的人物形象，通过鲜活的人物建立线索，以人物的起伏跌宕的生平经历带动课堂，将知识自然融入，尽可能调动学生的无意记忆。

比如，在讲工业革命这一课时，教学设计可以引入人物阿克莱特的人生逆袭之路，从理发匠到发明家，从发明家到工厂主，成为近代工厂的受益人，理解工业革命的背景、过程及工厂制的意义；在讲近代民族工业这一课时，教学设计可以利用人物荣氏兄弟的事业兴衰跌宕，感受其间国人兴办企业、实业救国的决心和近代民族工业道路的艰辛、时代背景对经济的影响等；在讲中世纪基督教史时，可以借虔诚者路易、献土者丕平、卡诺莎之辱的亨利，体会基督教会的统治地位、教权的至高，侧面体验王权的艰辛与努力，预示着王教之争、随着经济发展王权的上升，等等。

（二）专注“事件线”

在学习历史学科知识时，事件之间的联系显得非常重要，能够灵活地理解与分析事件的发展线、因果关系、本质性是很关键的能力。在考察历史知识中，关于解决教学和素养的难题，历史理解的对象不是事件，更重要的是事件的意义。我们在教学中，要更加注重“事件线”，理清楚事件的内涵、因果关系、本质性等关键问题。

在教学中的做法是：第一，抓住内涵，深度学习。如，在讲西方思想解放运动历程时，文艺复兴、宗教改革和启蒙运动在反对教会、权力束缚的侧面，宣扬着对于人性的自由追求，从强调人的身体、力量到强调人的思想、精神，再到强调人的权力、地位，深度学习人文主义内涵。第二，双向对比，深化理解。双向指横向、纵向两个方向，将与该历史事件相联系的事件进行联立分析，找出规律，深化理解。如，学习中国古代法治与教化，从纵向时间来看，我们可以从先秦时期的刑礼分途到春秋战国的德法之争，再演变到汉至唐的礼法逐渐融合的过程，结合今天的案例判决与过去历史上的案例裁决进行纵向比较，深化理解中华法系的原则是如何处理法律与道德的关系；从横向空间来看，同样是古代历史的中国与西方在法律方面的演变，出现不同的特点，西方欧洲受到传统习惯法、宗教习俗的影响，从立到破，再从破到立，出现英美法系、大陆法系等，体现更加注重权力制衡、个人权利、程序公正等，我们从中找出异同点，总结历史规律。

抓住事件之间的联系，厘清事件的内涵、因果关系、本质性的关键问题，让历史事件在课堂上“活”起来，才能真正发挥历史学科的魅力。

（三）紧抓“规律线”

历史学科是有规律的，当学生发现一条通用的公式可以用来理解历史上发生的各种事件时，他们发现纷繁复杂的历史知识都是围绕着顺着规律在运行时，这就是“鲜活历史”的呈现。

马克思主义唯物史观是关于历史发展规律的科学，比如生产力决定生产关系。以中国古代为例，井田制转变为土地私有制，是铁犁牛耕的作用结果，在大量私有土地出现时，分封制走向瓦解，各国不得不进行变法改革，进一步推动社会转型，贵族政治走向官僚政治，这是生产力决定生产关系的体现。以西方古代为例，罗马共和国发展为罗马帝国，随着疆域的扩大、生产力的发展，各种阶级矛盾随之出现，在法律制度发生的一系列完善措施，进一步说明生产力决定生产关系。因此我们的教学，要以唯物史观为指导，利用前人总结的规律，引导学生去发现这些规律。

一千个观众就有一千个哈姆雷特，一千个老师就有一千种教学主张。我希望可以用鲜活的“人物线”“事件线”来帮助学生建立对历史的直观的情感体验、培养对历史真相的主动分析思考的能力、发现背后的“规律线”，学生能够真正地感知、分析和理解历史，让历史鲜活起来，让历史课堂充满活力而富于实效。

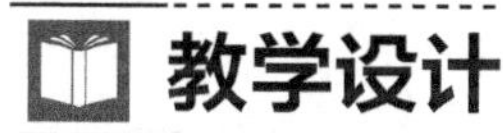

影响世界的工业革命

一、教学目标

了解两次工业革命的成就和两次工业革命的特点，客观认识工业革命对资本主义发展和对世界历史进程的影响，能够辩证地看待工业革命的影响意义。通过人物阿克莱特与工业革命的联系，带动学生明白个人与时代的关系，紧跟时代步伐抓住机遇，同时要重视个人的努力。

二、教学过程和设计意图

（一）导入

（2分钟）

（图片）人物：瓦特、哈格里夫斯，人物阿克莱特（本课线索）

教师引导：考考大家认不认识以上人物？（改良蒸汽机的瓦特，发明珍妮纺纱机的哈格里夫斯）那这一个人物你们肯定不知道，他是谁呢？（水力纺纱机的专利申请者：阿克莱特）

教师追问：你们看他的衣着，猜想一下他是做什么工作的？（大老板）其实他身世很坎坷，自小生活在贫困家庭，家里有13个孩子，作为最小的孩子，没有受到良好的照顾，所以13岁的他就去了理发匠那里。后来他的人生发生了巨大的变化，从理发匠到发明家再到工厂主，甚至获得国家的爵士称号成为上等贵族，他是怎样抓住时代的机遇创造辉煌人生的呢？我们一起来学习：影响世界的工业革命——阿克莱特的逆袭之路。

设计意图

通过人物故事，引导学生进入历史情景，用历史中的小人物形象，吸引学生注意力，创设工业革命的时代场景，代入本课的学习。

（二）新课讲授

第一部分：工业革命的成就（8分钟）

成功逆袭一：理发匠—发明家

人物故事：其实，一开始他作为理发匠，最早抓住的商机是售卖与他职业相关的东西假发，后来，他发现身边涌起了一股浪潮—— 一股改造机器的浪潮，比如说当时有凯伊设计飞梭、哈格里夫斯发明珍妮纺纱机，他也经过自己的努力给水力纺纱机申请了专利，成为了发明家。那当时的发明都有哪些呢？我们一起来看看工业革命的成就。

老师引导：这里，老师把关于两次工业革命的信息打乱了顺序，同学们帮忙把它归类好。我们分两个小组进行，每个小组派一名代表上台来标出属于哪一次工业革命。现在，花两分钟看看大屏幕和对照一下书本及所学知识，看看能不能把它归类好，小组可以讨论，并选出代表。

学生活动：自主学习新旧知识，甲同学上台标出1代表第一次工业革命，乙同学上台标出2代表第二次工业革命。

设计意图

老师用人物引导，学生自主学习并调动眼耳手等器官，此行为增强学生对课堂的参与感。

第二部分：工业革命的特点（5分钟）

师生互动：对两位同学点评。我们下面把两次工业革命的信息整理成为表格，其他同学有没有掌握呢？我们一起把答案念出来好不好？（完成两次工业革命的对比，得出特点）

设计意图

通过师生互动，由成就到区别，归纳总结特点，带动不同层次学生对工业革命内容的理解和掌握。

第三部分：工业革命的背景（12分钟）

第一次工业革命的背景

成功逆袭二：发明家—工厂主

人物故事：我觉得阿克莱特最厉害的不是成为发明家，而是他被称为“近代工厂之父”，是第一个开办棉纺织厂的人，厉害吧！但是实际上一开始他并没有想到开办工厂这样创新的方式，而是学习过去的经验，雇佣劳动力开手工工场，但是这个时候就面临两个问题：第一，雇佣工人操作机器，太浪费钱。第二是他发明的是水力纺纱机，有什么问题啊？在地点的选择上，它必须靠近哪里？（有水的地方）河流一带，那这样对他的生产运输都很不利啊，很难扩大规模生产啊，谁帮他解决了这个烦恼呢？瓦特，改良了蒸汽机，蒸汽机燃烧的是什么呀？（煤炭呀）英国生产不这是个问题，反正蒸汽机出现，产生源源不断的动力啊，这会就不用管地点限制了，加大生产。

教师引导：经过多种因素整合，我们发现一个很重要的点，那就是幸好阿克莱特是生在了英国，为什么是英国呢？因为“没有哪个国家具有英国这样好的综合条件”。那我们来看看当时时代还给阿克莱特的逆袭提供了哪些有利条件呢？翻开书本第57页内容，找出关键词，分析工业革命的背景。

学生活动：找丙学生回答，找出关键词，分析角度。

教师引导：课本还有历史纵横和史料阅读告诉我们什么信息啊？综合我们看到的这些史料史实，能不能把这个两边的图连一下线。

学生活动：找丁同学连线，并分析思路。

设计意图

通过教师引导和学生自主学习，体现以学生为中心的理念，鼓励学生发挥思维能力的同时，引导学会表达，符合高考要求。

第二次工业革命的背景

人物故事：阿克莱特后来把工厂越办越大，还开了很多的分厂，与此同时继续发明创作，申请了第二项专利，并且投入工厂使用。他曾经雄心壮志地说过这样一句话：“如果我活得相当久，那我就能富有到可以把国债还清。”

教师引导：假如阿克莱特就真的活到了19世纪70年代，他又应该抓住怎样的时代趋势呢？我们一起来学习第二次工业革命的背景。翻开书本第58页倒数第二段，并结合大屏幕图片，总结归纳背景。

师生互动：找出关键词，归纳角度。

设计意图

教师引导与师生互动，照顾不同层次的学生，进一步梳理第二次工业革命世界深刻的变化，从制度、技术、市场资金、劳动力等角度的背景。

王莹珠：让对话发生

个人简介

王莹珠，女，中学历史一级教师，2015年华南师范大学历史专业毕业，现为东莞市松山湖横沥实验学校教师，黄洪章名教师工作室成员（2018—2023）。曾获奖项有：河源市高中历史微课大赛特等奖、青年教师教学大赛一等奖、“一师一优课、一课一名师”优课一等奖、解题大赛二等奖，龙川县班主任能力大赛二等奖、“基础教育精品课”高中历史二等奖、优秀班主任。参加工作室课题研究，发表论文多篇。

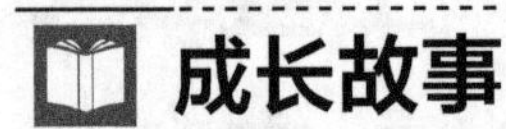

历史思维涵养人生

2015年大学毕业至今，我已从教七年，如要用一些形容词来描述这些年的心境，我想到的是：忐忑不安—上下求索—淡定从容。我的教学也经历了教历史到教学生学历史再到用历史教学生做人做事——用历史学科的思维方式来认识和改造世界的过程。历史思维涵养了我，我也在努力践行历史育人。

一、站上讲台——自己学教历史

2015年毕业后来到龙川县第一中学，担任高一班主任和四个班的历史教学工作，校情、学情不熟悉，害怕出错，事无巨细都亲自上阵，白天忙于上课和班级事务，晚上时常备课到凌晨；在教学上，担心知识点讲错讲漏，追求面面俱到。可以说，成为老师的第一年是忐忑不安、战战兢兢的。

还记得第一次上公开课“大一统与秦朝中央集权制度的确立”，由于花费太多的笔墨在秦统一六国，导致秦中央集权制度讲得不够深刻，节奏过快，也没能拓展延伸秦郡县制和西周分封制的异同，虽然知识上没有问题，课堂学生参与度也高，但是重难点把握不清、详略不当，人生第一次“公开”亮相给人留下虎头蛇尾的印象。课后，老师们对我的课进行评课议课，一针见血地指出了我的问题，提醒我多看课标，公开课不是表演课，不能过分追求课堂的热闹而忽视了重难点的落实，一个合格的老师，除了知识的传授之外，还要能够把握课堂的节奏，松弛有度，有些问题点到即止，不能被学生牵着鼻子走。

每一次公开课，评课议课、磨课反思都是“压力山大”的时刻，但也是最好的成长时刻。经过锻炼、复盘和反思，我认识到自己存在的问题：第一，过于关注学生的反应，而且在课堂上一一回应，最后的结果就是教学任务难以完成。对于课堂的生成性问题，要结合教学目标进行评估，有意义的可以适当延伸，无关重要的点到即止或者引回正轨，当然这也需要一定的教育智慧和控场能力，切不可伤害学生的感情，挫伤学生的积极性。第二，过分追求面面俱到，低估学生的理解和解决问题的能力，没有做好初高中的衔接。像“大一统与秦朝中央集权制度的确立”这一课，第一子目对于秦统一原因的介绍已经很具体，学生在初中阶段也重点学习过，而我还给出史料让学生分析，这就浪费了宝贵的课堂时间，对于皇帝制度的特点，课本小字部分已有史料佐证，学生也容易理解，没必要再引用其他例子。这次公开课后，我购入了初中历史课本，在备课时拿出来对比分析，以便了解学生的基础和认知水平。此外，我也开始重点关注课标要求，在教学设计时提醒自己把握好重难点，做到详略得当。

所谓旁观者清，如果不是公开课，如果没有备课组老师们毫无保留的指导，我可能还是当局者迷，甚至沾沾自喜于学生的喜欢，课堂的开心热闹。一个学期后，经过刻意的训练，我已经能够把握好课堂节奏，落实重难点，算是真正地站上了讲台。但是现在回头看，教学的前两年基本都停留在教授历史知识的阶段。

二、站稳讲台——教学生学历史

2017年，在校领导的信任和鼓励下，我带班上了高三。这一年大多在进行知识的复习，但是压力并不比刚站上讲台的时候小。我的重心转向了教学生学历史，培养学生的历史思维和历史学习方法，让学生能够辩证地、多角度地、批判地思考问题，认识到历史整体性、延续性和复杂性。

历史学习方法与历史思维是息息相关的，当同学们有一定的历史思维，那么在学习历史、在考试做题的时候就事半功倍。比如学习中国古代史，特别是中国古代政治制度史，课本上提到秦朝确立的中央集权制度奠定了中国古代两千多年政治制度的基础，这句话字面意思很好理解，但是如果让学生用史实说话，举例子验证，很多学生可能会吞吞吐吐讲不清楚。所以在教学生学历史时，我特别强调历史发展的前后关联，前因后果的这种逻辑性，历史是复杂的，不是突然冒出一个王朝，突然诞生一种制度，一蹴而就。学习历史，既要古今中外对比，更要前后关联，注重逻辑，这样才能做到融会贯通。

再比如材料题，问法一般就是两种：一种是根据材料，一种是根据材料并结合所学；在作答时，就需要辩证地多角度思考，特别是涉及要结合所学，问到原因、影响时，都要求学生要从政治、经济、文化、军事、外交、利弊等多角度多方面作答，把握阶段性特征。

在高三任教的这一年是我成长最快的一年。这一年最为辛苦，学生升学压力大，心理困扰多，还有很多事务性工作，班主任工作忙得焦头烂额。但是回头想想，就是在这种巨大的压力之下，我才尝试了各种各样的班级活动为学生鼓劲减压，动员了班干部、家委会的力量，班级管理和组织能力大大提高；也正是在这种压力之下，学生才真正地主动学习。这一年最为“功利”，为高考而战，但在功利的备考提分之下，其实也在不断地强化学生的历史思维，以后他们在现实生活中思考问题也许就更加能够做到“瞻前顾后”、统筹兼顾一些。这一年，我逐渐地站稳了讲台。

三、站好讲台——用历史教做人

2017年，教育部颁布了新的课程标准。学科核心素养取代了过去的三维目标。2018年，我开始新一轮的循环教学，开始了解核心素养，知道五大核心素养的含义及其联系。但此时还停留在了解，手上使用的也还是旧教材，在教学中很少去设计落实核心素养。大概到了2019年，学校、教育局等开始组织一些学科核心素养方面的培训，教学设计开始以核心素养为指导。印象最深的是2020年疫情期间，工作室组织参加的由北大历史系主办的“全国中学历史教学高级研修班”的学习，研修班里除了历史学者、教育专家对新教材、新课标的解读研讨之外，还有一线名师的实战经验分享。记得北京的一位老师分享“统一多民族封建国家的初步建立”教学设计，她围绕睡虎地秦简的主人公“喜”及秦律，展开对《陈涉世家》中提到的“失期当斩”是否真实可信，秦律是否严苛的讨论。该设计集中培养学生的史料实证素养，摈弃了以往按子目按部就班的教学方式，让我耳目一新，受到“先行者”的启发之后，我也开始在自己的教学设计中尝试落实核心素养。

比如家国情怀，在讲到孔子时，他作为私学的开创者，被后世尊称为万世师表，影响很大，那他的精神魅力到底怎样感染人呢？我带领学生制作孔子生平大事年表，一起走进《论语》，一起感受孔子在周游列国，被弟子质疑，颠沛流离如“丧家之犬”般时的心声：“君子固穷，小人穷斯滥矣。”让学生领悟到君子在人生低谷处仍然能够坚守节操，再延伸举例：后世儒者，如苏轼、范仲淹等也深受以孔子为代表的儒学影响，苏轼在被贬黄州时写下了“大江东去，浪淘尽，千古风流人物”“一蓑烟雨任平生，也无风雨也无晴”的豪放词章；如范仲淹，多次被贬又多次入京，能够做到“居庙堂之高则忧其民，处江湖之远则忧其君”“先天下之忧而忧，后天下之乐而乐”的责任担当。在讲到林则徐时，除了他作为严禁派前往虎门销烟的事迹，更让学生了解到他因此而被革职查办发配新疆，在艰苦的生存环境、压抑的心境之下他仍然心怀天下，记录下新疆的山川地貌、风土人情并编撰成册，在回家乡福建的途中路过湖南，亲手将这些资料交给左宗棠。再后来，左宗棠以必死的决心抬棺收复新疆，我想，他应该也有受到林则徐的感召，而这就是一代代儒者的精神传承。

历史是以人为主角的，历史学是一门理性与人文关怀兼备的学科，它的理性教会我们“大胆假设，小心求证”，它的温情教会我们看待周遭要有同理心，做到“了解之同情”。所谓发挥历史学科的育人价值，我想就是教学生用历史学科的思维方式来认识世界和改造世界，而这，也是我作为中学历史教师的志业。

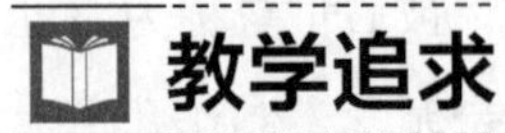

让对话发生

——教有生命的历史

新学期伊始，接手新班级，第一节课我还是照常跟学生聊历史、唠家常。“暑假你去了哪里？有什么有趣的体验？有哪些事情令你印象深刻？”当我抛出这些问题，课堂顿时热闹起来，同学们七嘴八舌地说开了，从孩子们身上总能看到蓬勃的生命力。同学热心分享，不少同学聊到回了老家，体验了暑假高温，关注佩洛西窜台事件、反复的新冠疫情等。谈见解、谈见闻，老师和同学的对话引发了思考，同学之间的分享让人产生了兴趣。一节课下来，好不充实。为什么这样充满师生对话、生生对话、过去与现在的对话，流淌着思维、意义和情感的课难以成为常态课呢？是因为教学任务的压力，还是习惯于“省事”，唱独角戏呢？我开始审视自己的教学。

历史的主角是人，但如果只局限于过去的人，没有对今人的关怀，听不到今人的声音，没有古今的精神交流，同学们学习历史的意义何在？所以我主张在历史课堂中让对话发生，以此发现人——过去的人、当下的我们，构建起学生对古今中外的思考与关怀。那么在历史课堂中如何有效对话呢？通过对历史课堂的观察，我认为可以从以下几个方面入手。

一、理顺历史逻辑，形成高阶思维

什么是高阶思维？杜威在《我们如何思维》一书中举例，大意是：一个人被火烫伤了，感受到了疼，这只能称之为经历；当他知道火是烫伤他的原因，就会构建起经验，这就有了初步的思维；当他不仅知道火会烫伤他，还知道他会被烫伤的原因是火与人体的温差过大，人接触到火才会受伤时，他就有了更深层次的思维——高阶思维。高阶思维是一种认识事物本质的思维，可以帮助人举一反三，比如知道人体被火烫伤是因为温差，那么人体自然也会被冻伤，就会有意识地避免自己处于低温环境之下。那么高阶思维与历史课堂有什么关系呢？高阶思维究其本质不就是构建逻辑吗？而逻辑性正是历史的特性之一。没有逻辑的课堂对话只停留于热闹，只有构建逻辑联系，帮助学生形成高阶思维，历史课堂的对话才会有效，有意义，学生才会对过去发生的事有“了解之同情”。

我们在教学时，有时会组织学生进行角色扮演，或者让学生假设自己是“农民”“资产阶级”“官僚”等，让他们发表对某一历史举措、事件的看法。如果学生没有对时代特征的了解，没有构建人与环境之间的逻辑联系，那么他们的回答可能会与我们设想的南辕北辙，令人啼笑皆非。例如在“辛亥革命”一课的教学中，讲授辛亥革命的局限性时，我们会提及缺乏群众基础，会引用农民对辛亥革命的态度的材料，以佐证当时的农民对辛亥革命是害怕的，不关心的，不知情的。如果没有这些材料支撑，绝大部分学生会想当然地认为辛亥革命是一呼百应的，其影响席卷整个中国大江南北各个阶层。学生对辛亥革命的认知为什么会是这样空而大，没有半点质疑呢？因为他们没有历史逻辑，没有联想到农民几千年来都处在专制统治之下，他们的心态是保守的，是安于并忙于温饱的，无暇也无心关注革命，这是几千年的历史文化基因，已经注入农民的血液。

二、设置梯度问题，增进知识理解

近年来，深度教学、深度学习、输出式教学范式经由高校研究推广逐渐在中小学传播开来，意在提高学生学科核心素养、创新思维和问题解决能力。浙江省桐乡市高级中学郑婷婷老师则将深度学习与问题链相结合，指出问题链是教师提升历史教学有效性的一种教学策略，意在对学生的学习过程与思维状态形成较强的导向，促进对历史知识的理解，发展学生的学科核心素养。在平时的教学中，提问必不可少，而问题的质量也决定了师生对话的有效性，回看自己的教案，大多数问题缺乏通盘的思考，比较孤立分散，其有效性自然大打折扣。学习了郑老师的相关成果后，我开始刻意地打磨课堂问题。首先是对教材知识进行梳理、转换和整合，其次预设学生学习过程可能产生的疑惑，最后形成一组或多组问题链。

比如学生在学习“辛亥革命”这一课时，对武昌起义的胜利之快产生了疑惑，于是我设置问题链，武昌起义与近代以来的其他起义如太平天国有何不同？再如革命党人此前领导的广州黄花岗起义与武昌起义有何独特性？武昌起义的胜利到底是偶然还是必然？这一组问题链的设置激发了学生探究武昌起义的兴趣，提高他们横向对比、纵向分析问题的能力，也突破了辛亥革命的背景这一重点。

一组好的问题链，不但可以帮助老师突破重难点，更让师生间的对话、学生与历史的对话更加深刻，对于提高学生思维能力大有裨益。

三、重视历史细节，涵养家国情怀

今天的孩子们生活在太平盛世，是祖国的花朵，父母的掌中宝，虽然“一机在手，天下我有”，获取信息十分便捷，但是他们对信息缺乏思考，这也充分表现在历史学习中，比如在近代史学习时他们对于历史人物的选择难有“了解之同情”。学习中国近代史，必然会提及李鸿章，在教材中分别出现在镇压太平天国、创办洋务、甲午中日战争和签订《马关条约》及《辛丑条约》等，这些与他有关的史实中，孰为功孰为过？对于李鸿章的功，比如创办洋务等，同学们似乎觉得理所当然，对于课本提及李鸿章通过轮船招商局中饱私囊近600万两，学生大惊失色，特地跑来办公室问我：“老师，这是真的吗？”此时他们不能接受“不完美”的李鸿章，似乎人设坍塌，再到后来甲午中日战争讲到李鸿章避战求和，八国联军侵华时“东南互保”，以及李鸿章代表清政府签订晚清最后两大丧权辱国条约，学生面无表情，一声叹息，似乎就习惯了李鸿章的“懦弱”。但是细心一看，李鸿章从创建淮军镇压太平天国运动起家到甲午战败后黯然失色，再到《辛丑条约》的签订后撒手人寰，他的一生是与晚清的命运紧密联系在一起的。老师不提，很少学生能够觉察到这一点，他们习惯于碎片化地接收信息，慢慢地也习惯于碎片化地看待历史人物，并且用二元对立的方式对人物进行褒贬。课堂中通过呈现细节，对李鸿章人生的立体梳理，学生才真切地感受到个人命运与国家命运息息相关，身后有强大国家的重要性。

“辛亥革命”这一课也是如此，只单纯地介绍刘道一、秋瑾和林觉民的牺牲，学生的内心并没有多少波澜，当拿出《与妻书》与学生共读，让他们知道那个壮烈的革命志士背后还有一位怀着身孕的柔弱妻子，他们才能体会到林觉民为大家舍小家的大义与心酸。历史有细节才动人，特别是对中学生讲史，更需要细节支撑。历史还需要联系现实，在对革命志士的精神进行升华时，把学生拉回当下，与学生分享00后战士陈祥榕的事迹，他们才懂得大多数人的岁月静好背后却是有人在负重前行，才明白“强国有我”不应该只是一句响亮的口号。

近一两年来，我一直坚持让学生在历史课上有思维的碰撞、有情怀的滋养，变单一的知识吸收者为问题提出者、解决者，通过理顺历史逻辑、设置问题链、呈现历史细节等方式，让师生、生生乃至学生与历史本身的对话更加有效、更触动心灵，从而提升素养。

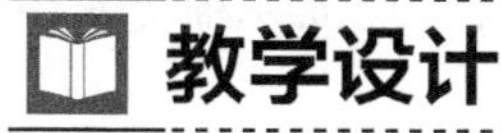

辛亥革命（片段实录）

一、教学目标

（1）了解辛亥革命爆发前革命党人的革命活动，感悟革命志士的爱国情怀，知道这些革命活动极大地鼓舞了革命斗志。

（2）通过制作武昌起义大事年表和史料探究，理解辛亥革命的爆发是19世纪历史发展的必然。

（3）通过史料对比分析，能够客观辩证地评价辛亥革命。

二、教学流程及设计意图

1. 导入

（图片情景导入）

师：新冠疫情期间，钟南山院士驰援武汉并说：武汉本来就是一个英雄的城市，一定能战胜疫情。这能让你联想到什么历史事件？

生：辛亥革命。

师：展示人民英雄纪念碑《武昌起义》浮雕，学生观察并推测起义者和革命对象。

2. 专题探究一：革命志士的奋斗与辛亥革命

（略）

3. 专题探究二：辛亥革命的成功是偶然还是必然

师：有人说辛亥革命是意外爆炸引发的，它的成功具有偶然性，请根据图文史料，分组找出可以佐证其偶然性和必然性的材料，提取关键词，形成自己的认识。

生：（第1组）我们找到了可以佐证其偶然性的材料，关键词是“意外爆炸”“撞上有钱有枪的军械库”“武昌空虚”，这些说明了起义军不但没有遭受到什么抵抗，而且枪械得到了补充，其成功有偶然性。

师：很棒，分析得很有道理。其他小组有没有不同看法？

生：（第5组）材料三“清政府将湖北的军队派到四川镇压保路运动导致武昌空虚”我们有不同意见，“镇压保路运动”我们认为能佐证其必然性，这表明清政府民心尽丧，起义迟早会爆发。

师：非常好，我们第5组的同学能够辩证地、多角度地分析史料。掌声送给他们。其他小组呢？

生：（第2、3组）《辛丑条约》签订后清政府沦为洋人的朝廷，民族危机空前严重，材料中邹容《革命军》和立宪派请愿“开国会”，清政府设立“皇族内阁”，可见革命党人在起义前已经进行了革命宣传，清政府继续专制激化了阶级矛盾，所以辛亥革命的成功是必然的。

师：同学们能将本课的内容与已学知识结合起来，做到灵活运用，构建历史逻辑，为你们的善于思考点赞！那么接下来同学们怎么看待辛亥革命的成功是偶然的还是必然的呢？

生：有偶然因素的推动，但是这一场运动是必然会发生的，清政府的统治不得民心，迟早会被推翻。

师：非常好，从这个层面来看，这些必然因素其实也是辛亥革命爆发的原因。

4. 专题探究三：缺席的声音，辛亥革命面面观

师：说到辛亥革命，我们第一时间想到的是革命者和被革命者，同学们思考一下有哪些人的声音被忽略了？

生：老百姓。

师：非常好，当时中国体量最大的群体其实是农民，除此之外呢，当时的中国除了中国人，还有什么人？

生：外国人。

师：这些没被关注到的人对辛亥革命的态度如何？同学们可以大胆猜想。

生：农民应该会支持，因为清政府压迫他们太久了，赔款都压在他们身上。

生：可能会反对，因为农民没文化，习惯被统治，会觉得革命就像过去的起义一样破坏他们的生活。

师：同学们讲得都有一定道理。当时有一些进步知识分子还真关注到了农民群众，对他们进行了采访。接下来，大家根据材料进行小组群学，找出国人中各群体以及外国人对辛亥革命的态度，并推举出一位代表上台来为大家讲解。

生：（第3组）我们找到的材料关键词是“瞠目而不解”“茫然惶然，连声说我非革命党人”国人中有些农民对革命不在意，有些对革命感到害怕。

师：咱们第3小组的同学关键词和主旨意思都把握得很准（掌声鼓励）。其他组有没有补充?

生：（第4组）国人中还有官僚，比如材料中说的袁世凯等人，从材料中“共和怎么个共法，谁也不知道”可见他们对辛亥革命也是一知半解。

师：一知半解，这个词形容得非常好，也就是他们不了解共和，对辛亥革命还是比较怀疑的。好，接下来我们再看看外国人的看法。

生：（第6组）从三段材料中的“不介入”“赞成”“是否能用共和国代替君主政体”这些关键词句可以看出外国人对辛亥革命的态度，有的是中立，有的是支持，有的是怀疑。

师：通过刚才对国人以及外国人对辛亥革命态度的分析，我们发现他们对辛亥革命的看法并不一致，甚至更多的是不了解和怀疑，这说明辛亥革命存在什么问题呢?

生：没有深入老百姓当中去。

师：没错，也就是缺乏群众基础，这也是后来辛亥革命果实被袁世凯窃取的原因之一。但是在这些不同的声音、态度之中我们能否听到一些趋同的声音呢?

生：（若有所思，沉默）

师：比如，辛亥革命后，他们知不知道清政府被推翻了，知不知道接下来国家要建立共和制。

生：知道。

师：这说明什么?

生：辛亥革命推翻了清政府的统治，传播了民主共和思想。

师：非常好，辛亥革命虽然没能改变中国的社会性质，但是它结束了中国两千多年的专制制度，这是过去的起义没有做到的。

5. 小结升华

学生齐读孙中山先生《国事遗嘱》节选，感受他的忧国之心，爱国之情。联系当下，陈祥榕“清澈的爱，只为中国”，思考当代青年如何践行强国有我。

设计意图

学生对于辛亥革命早有耳闻，但停留于“高大全”的印象，不能客观辩证地分析和评价。本课基于晚清历史的整体性，通过史料研读、合作探究、教师追问等方式构建课堂有效对话，帮助学生形成对辛亥革命的辩证认知。

贾　凡：
抽丝剥茧、层层剥开

个人简介

贾凡，女，高中历史高级教师，现为河源市田家炳实验中学教师，广东省黄洪章名教师工作室学员（2021—2023）。2020年8月入选广东省教育考试命题骨干教师。获得奖项荣誉有：课例《古罗马的政制和法律》市级高中组一等奖，课例《博大精深的中华文化》省级三等奖，“一师一优课、一课一名师”市级一等奖及省级优课，工作技能大赛市级一等奖、省级三等奖。多次承担市教研室调研课和校外展示课。市级课题结题两项，现参与省级课题两项。论文市级以上获奖、发表多篇。

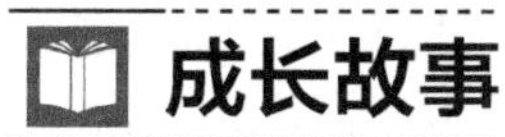

成长故事

无心插柳柳成荫

冥冥中注定，我是要成为一名教师的。小学三年级的时候，舅舅问我长大了想做什么？我毫不犹豫地回答“教师”“为什么呢？”“因为教师是阳光下最灿烂的职业。”舅舅为此还夸我小小年纪，知道得还挺多。其实这是20世纪90年代一部青春校园电视剧里的台词。说者无意，听者有心，十年之后，我幸运地考上了陕西师范大学。

一、恩师引领，与“历史”结缘

如果按当初的愿望，我更想当一名语文老师，在诗词歌赋里伤春悲秋，或者是当一名英语老师，在世界各地的风土人情里环游世界，或者是当一名地理老师，在祖国的大好河山里纵横辽阔。我真的没有想过会成为一名历史老师，总感觉高中历史就是抄不完的笔记和知识框架——写字写到手抽筋！陕师大历史文化学院开学典礼上，院长让第一志愿填报“历史”的同学举手，台下147人，只有孤零零的3个人举手，我觉得她们真的是热爱历史！

就这样，在对未来职业规划的懵懵懂懂中，在不情不愿中，我勉强成为了历史专业的一员，在历史博大精深的海洋中苦苦挣扎，有幸遇到了老顽童周伯通式的古代史教授——臧老师，他热爱收藏，热爱古籍，每个周末都是泡在院里的历史博物馆里照顾那些宝贝，除此之外他还热爱乒乓球，这是我跟他最大的交集。他年近花甲，身手特别灵活，乒乓球技术非常高超，经常上演反杀技能。而我是愈挫愈勇，输了球，就得留下来整理博物馆，我也乐此不疲。天长日久，我的球技进步了，在博物馆里待的时间也多了，听臧老师讲那些文物背后的故事也多了，我也慢慢地走进了历史世界，发现了历史妙趣。臧老师，就是让我与历史结缘的引路人。

在古城西安求学四年，我以专业考察的名义，游遍了古城的名胜古迹，因为带上陕师大历史文化学院的学生证，一路免票，这是一个吸引我穷游的招数。厚厚的城墙，青灰色的砖块，大气磅礴的城门，无一不是古都西安的象征。古城墙上的彩旗，飘飘扬扬，就像催征着历史轮回的笛音；骊山脚下的那一号坑的兵马俑，像是正在秦始皇陵旁形态各异地列阵，英姿飒爽地迈着整齐的步伐，桀骜不驯地塑造一个个神奇的故事，探寻着人间惊世的奥秘。骊山脚下的华清池，曾几何时是莺歌燕舞的皇家园林，如今还能映照蒋介石当年赤脚狼狈的样子不？仰望西安的大雁塔，就像观音山座下的一朵莲，端坐在群山之巅，俯瞰人世沧桑，看透人间悲欢离合，沐浴它所带来的唐风宋雨。这古老的城墙见证了一座城池的衰败和兴旺，也见证了一座城池被血与火洗礼的历程。古城西安，用它的文化底蕴和苍凉气质，渲染了我整个青春岁月，让我进一步爱上历史的厚重。

二、同行相携，成长中蜕变

2005年9月，我踏上了三尺讲台，开启初为人师的成长模式。经过短暂的岗前培训和新教材研修学习，自知新手上路，虚心求教方为上策，我经常主动向同事们学习请教，听课、备课、磨课，吸取经验丰富的老教师身上的教育智慧和课堂掌控技巧。

在2015年“自主互动生成知识与高效课堂”课题结题准备会议上，主持人推荐我来上一节体现自主互动生成知识的课，接到这个任务的时候，我是非常忐忑的。最后选定了综合探究课“李约瑟难题”，结合课标要求和课程内容，我反复思考，决定通过小组合作探究方式，体现自主互动生成知识。借用了高三年级的一个新班级学生，第一次实践小组合作探究课程，我心里还是没有底的。在小组展示环节，先展示预习成果——历史名词分类并解释分类的原因，学生比我期待中表现得要更好，条理清楚，逻辑清晰，真的是意外之喜。最后在核心讨论环节“中国近代科技逐渐落后于西方的原因”，各小组踊跃发言，积极主动，言之有理，既能结合课本材料提供的思路，又能联系到课外知识，真的是让我喜出望外！课后，学生主动跟我反馈，“这样的课好有趣，以后你能经常给我们班上课就好了！”这件事给我很大的鼓励，从此认真思考到底怎样的课堂才是真正的高效课堂——既是学生喜欢的课堂，又是能让学生学到知识与技能的课堂。

在2015年青年教师课堂教学能力大赛上，我精心准备了岳麓版必修三“笔墨丹青”一课。同事们都建议我不要选这一课，因为它讲的是中国古代绘画艺术，专业人士都讲不透，学生也不感兴趣。我恰恰是抓住了这两点，既然一直讲不透，那我这次就深入研究，争取把它讲好；之前学生不感兴趣，那这次我要让学生爱上中国画。带着这两个坚定的想法，我认真查阅了相关资料《名画里的中国史》，了解北宋的《千里江山图》背后的故事与来源，了解《天净沙·秋思》的文化意境，等等，越研究越有趣。导入时，用了“宋徽宗出6道题，难倒无数才子！”其中的一题：“深山藏古寺。”我出示了两幅画，让学生们打分，各抒己见！一下子吸引了全部人的眼睛，一个个眼神流转，思绪翻飞，欲语还休！

古寺要“藏”起来，而且还要让人觉得它是存在的。有的在山腰间画座古庙，半遮半露，总算有“藏”的意思。但满分答案是，崇山峻岭之中有一个和尚在挑水。有和尚挑水，就说明附近一定就有他住的寺庙。但寺庙在哪里，却找不到，真把这个“藏”刻画得淋漓尽致。此画一下子表现“深山藏古寺”的含蓄深邃境界。构思巧妙，满分！这就是中国画的妙处！后面，带着学生一起领略中国文化中的“诗中有画，画中有诗”的丰富意境，领略黑白两色寥寥几笔勾勒出的山水意蕴，感受绘画中体现的人生留白的智慧。这样的历史课，怎能不有趣又有益呢？

三、工作室相伴，携手同行

2021年，我有幸加入广东省黄洪章名教师工作室，主持人黄老师表示，名师工作室是一次机遇，一份责任，一场奉献，一种理想。工作室要择高处立、就平地坐、向宽处行，在自身成长、团队发展的基础上，通过示范教学、送教下乡、课题研究、讲座报告、名师论坛、现场指导等多种形式，有目的、有计划、有步骤地传播教育理念和教学方法，实现优质资源共享和形成名优群体效应，更好地为市县教育教学质量的提升贡献力量。

在工作室研修活动中，我认识了一群优秀的人，聆听了很多高质量讲座，参与现场深度教研和磨课上课，每次都是日程满满也是收获满满！首先，在思想上破除了对职业前景的迷茫。在吴校长、黄老师的专题讲座中，深深感受到学校是一个必须与时俱进的地方，不管是思想还是设备，都需要更新换代，因为我们培养的是面向未来的人！其次，在教研上明确了课题研究的方向。黄老师以课题“基于高中学生史料实证核心素养培养的教学实践研究”为例，深入浅出地讲解了为什么要做课题？怎样做好课题？让我深受启发，受益匪浅。黄老师严谨细致的治学精神、科学规范的研究过程、理性前瞻的研究眼光，让我们发自内心地敬佩！特别是贴近日常教学实践的课题研究理念，给我们迷茫的内心带来了一线光明：原来课题研究可以这样从每天的课堂教学过程中转化出来！再次，在教师成长上，给我传递了信心和力量！黄老师说到了每一个教师都有再次成长的过程，援引李冲锋老师的理论“四轮驱动”——阅读、写作、教学、科研，还有管建刚老师的话：“一个老师要从‘平凡’走向‘卓越’，只需要多付出10%的时间来记录，即每天48分钟用在记录上。记录当天的教育喜悦、教育烦恼、教育小失败、教育智慧，记上三年，你一定能从平凡走向优秀，再记五年，你一定能从优秀走向卓越！”

最后，我要说的是，成长既是努力的结果，也是选择的结果，只要方向正确，总会到达目的地。心动不如行动，所有的感悟都必须落实到实际行动中，才能真正推动自己的成长。

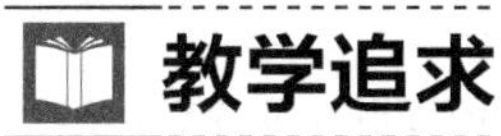

抽丝剥茧、层层剥开

——打造有历史味道的课堂

如何上一节好的历史课，是我一直苦苦思索的问题。经常看叶小兵教授听课笔记，从其笔记中的点点滴滴进行思考，我逐渐意识到，历史课的魅力关键在于要有独特的历史味道。

我希望自己的课堂充满历史味道，是一堂让学生受益匪浅又回味无穷的“好课”，既完成了必备知识的传授，也培养了历史核心素养，又促进了学生历史思维能力的提升。个人认为，打造有历史味道的高中历史课堂，至少需要从故事性、趣味性、生活化、情境化、思辨性五个方面努力。

一、历史课堂要有故事性——讲好故事，抓好素养

历史课的故事性不在于平常讲故事，而在于——历史叙事。叙事就是把某一历史人物、历史事件、历史制度的来龙去脉叙说清楚。叙事必须科学严谨，概念事实都不能有丝毫偏差，另一方面讲故事的语言要生动活泼，贴近学生心理。

在学中国近代“维新思潮”一课时，重点讲述了严复的人生历程，从幼年丧父到入读福建水师学堂，饭食及医药费全部由学堂供给；每月给银四两，还有奖学金；五年毕业后可进入水师领工资。讲到这里，学生很惊讶——免费上学，还有银子可以领！天下还有这么好的事情？我马上提问，为什么会

有这样的政策呢？可见“西学”并未真正受到重视，不过是谋生的手段罢了。反映出当时的国民传统思想层面仍然未完全开化，教育制度影响国家的发展，国家政治制度迫切需要改革！后面讲到严复以优异的成绩从格林威治皇家海军学院毕业，学成归来后在天津北洋水师学堂任教，后又重回科举之路，屡试不中，抱憾终身。但是，严复被后世公认为近代学贯中西第一人，对于中西文化有着深刻的体悟。他在翻译领域独树一帜，将西方的进化论翻译为《天演论》，成为他人生旅程的一个里程碑。学生听完严复曲折悲壮的人生，既感叹于严复个人命运的变化，又能去看整个时代的大背景，更能理解维新变法时代的危机与困顿，变法的艰难与迫切，中国社会的近代化之路漫漫！

二、历史课堂要有趣味性——活动多样、博采众长

在所有学科知识里，历史学科是距离学生生活最远的了，如何让学生去靠近历史事件、历史场景，是课堂有历史味道的关键！如今是智能时代，给历史课堂提供资料和信息的载体丰富多样！

（一）视频资料

学古代史的时候，看中小学智慧教育平台的纪录片《中国》《中国通史》；学近代史的时候，必看《大国崛起》；学改革开放的时候，有《激荡40年》系列视频；古代文明有《古希腊文化遗址》、近代有《文艺复兴的巨匠时代》《大航海时代》等高质量视频资料。

（二）活动创新

根据课程内容，坚持开展课前五分钟历史人物评说、你说我猜、历史名词接龙、角色扮演、历史剧等活动。把舞台交给学生，他们真的是有无限的潜力！记得高一时期，科代表组织同学课后排练了一场《巴黎和会》，简陋的教室就地取材，几张桌子、椅子，几个英国、美国、法国、中国、日本的台牌，再配上惟妙惟肖的表情和精彩的对白，把历史书上干巴巴的“巴黎和会”演得活灵活现，让人耳目一新！

三、历史课堂要有生活化——贴近生活、因地制宜

（一）以高中生喜闻乐见的方式来表达自己对历史学科的理解

例如面对一群疲惫困顿的孩子，老师们费尽苦心地给流行歌曲填上历史内容的歌词让学生演唱，这就是用孩子们乐于接受的方法来掌握历史知识。《中国古代历史朝代歌》、改编版《菊花台》、红色历史改编进歌曲——《踏山河》、改编的《越秀红》，等等。虽没有学术研究价值，但从历史教育的角度来看，却不失为一种巧妙的素材。

（二）尽量从学生的生活经验出发帮助学生理解历史

例如，新航路开辟后，出现了“哥伦布大交换”，物种交流在全球广泛进行，请同学们说说，我们饭堂的午餐中哪些物种是欧洲传入的？哪些是美洲传入的？你是如何看待这场大交换的？这完全是从学生的生活经验出发去传授历史了。

（三）让学生在生活实践中感悟历史

我们对历史的认识是随着生活阅历的丰富而不断深入的，让学生通过调查、走访完成假期作业，自己搜集资料，走访家族长辈完成《中学生编家谱》《客家人的历史》《河源的红色革命人物》《河源的抗日英雄》《新丰江大坝的历史》《客家古邑红色河源手抄报》等，这些都是源自生活、贴近生活的历史教育。

四、历史课堂要有情境化——创设情境、感受真实

（一）设计情境体验，“诱”导学生参与

通过创设特定的情境，模拟历史片段，让历史人物和历史事件穿越纷繁复杂的时空，感性地走进学生的视野、走进学生的心灵。在身临其境的学习情境中，让学生了解、评判、思考，在积极体验、自主学习中丰富自己的历史认识和现实思考。如在学习“辛亥革命”内容时，设计了这样的情境再现题：辛亥革命后，不同阶层身份的人对于革命的认识各不相同，请分别以革命者、旧官僚、地主、军人、农民、知识分子的身份探讨你对革命的理解？革命给你的

生活带来了哪些变化？这里通过简单的历史情景虚拟，将学生拉入历史的氛围中，缩小学生和历史的时代距离，让抽象乏味的简单史实变得生动有趣。学生觉得新奇有趣的同时，从“思想阐述”分层、分角度的提示，学生以多角度、多层次展开思维的借力点，学生可娓娓道来、各抒己见。

（二）用好典型史料，还原“历史现场”

教师要善于借助典型史料，为学生还原一个“历史现场”。如“鸦片战争结束后，对当时社会的影响”，对历史教师而言，这可能不是个问题，因为绝大多数教师是本能地把这一问题放到特定的历史场景中，即放在19世纪上半期清末社会的场景中加以思考的。高中生却难做到，可能是因他们的知识储备不足，抑或是这个年龄的认知特点决定的。作为历史教师，处理这部分教学内容时，当补充一些典型史料，以弥补教材的不足。因此，我补充了“道光皇帝的纠结”“部分官员的立场”“当时人对条约最痛心的”等多种史料。

（三）创设“问题情境”，引导学生探究

通过有效问题情境，教师能清楚地了解学生掌握知识的程度，在组织课堂教学过程中做到有的放矢；通过有效问题情境，学生才能有进一步探究的兴趣。如“民国时期民族资本主义的曲折发展”一课，可巧妙地围绕张裕家族的兴衰来创设问题情景，通过全面展示张氏家族企业在不同时期的发展状况，诱发学生主动探究分析引起变化的各种因素，从而透视近代民族资本主义艰难发展历程的深层原因。同时，教师在创设问题情境时，应尽可能地利用图片、视频或者材料等多种方式，唤起学生的注意，激发他们强烈的好奇心。

五、历史课堂要有思辨性——抽丝剥茧、层层剥开

以问题为引导引发学生进行思考和辩论。通过这样的方式既可以勾起学生的好奇心和求知欲，又能营造浓厚的学习氛围。我们的课本中有很多适合探究的话题，如在学习“辛亥革命”一课时，革命到底是成功的？还是失败的？两种不同的立场激烈交锋。“北洋军阀统治时期的政治、经济与文化”——这一时期社会是黑暗的？还是光明的？鸦片战争后中国社会的变与不变？在问题提出之后，教师就可以引发学生进行思考和探究，再之后教师就可以组织学生以

小组为单位进行辩论，相互发表自己的观点和意见，最后得出结论，解答教师提出的问题。在这个过程中，学生进行了思考、意见的发表、小组辩论等，既营造了浓厚的学习氛围，又构建了高中历史思辨课堂。

打造有历史味道的课堂，是我一直追求和努力的方向。前路漫漫，唯有孜孜不倦地阅读，丰富自己的内心，扩大知识储备；唯有勤勤恳恳地钻研教材，不断更新教育教学理念，跟上新课程改革的步伐；唯有兢兢业业地上好每一节课，不断在反思中改善。初心不改，前路可期！

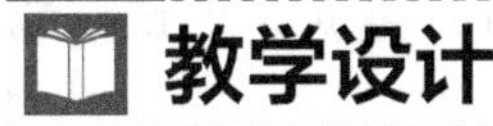

两次鸦片战争

一、教学目标

（1）从鸦片战争的命名，培养学生从不同立场来认识历史解释的差异。

（2）通过分析《南京条约》的内容和战后各类人物的反应，重点掌握鸦片战争对中国社会的影响。

二、教学过程

（一）教学片段：抽丝剥茧，层层深入

材料1：夷匪犯境：在清政府官员的奏折和皇帝的谕旨中，常见“逆夷犯顺”“夷匪滋扰”“夷寇衅端”等语。

材料2：通商战争：部分西方学者认为，这是一国际商务关系的斗争，根本上说是北京不愿意与英国订立平等关系的问题。

材料3：中英战争：英国政府及部分学者在提及这次战争时，也会使用“第

一次中英战争”这样的称呼。

材料4：鸦片战争：马克思认为鸦片贸易和林则徐销烟是战争的导火线和直接原因，因此常被称为“鸦片战争”。

教师：鸦片战争作为中国近代史的开端，是一个同学们熟悉的历史事件，我们今天要带领大家从熟悉的配方中，寻找不一样的味道。

活动一：小组讨论分析：对鸦片战争的定义，其中有哪些是合理的？哪些是不合理的？（5分钟）

小组汇报，教师汇总整理（表格，汇总）：

夷匪犯境：合理的部分是表达了“侵犯”的特性；缺陷的地方是天朝上国来看待局部事件，未揭示出战争实质。

通商战争：表达了英国打开中国市场的要求，忽略了“非正义的侵略战争”，是典型的欧洲中心论观点。

鸦片战争：认同战争因鸦片而起，以偶发性的导火线和直接原因来描述，未能完整揭示英国本质目的。

中英战争：以战争双方来命名，一目了然，中立理性，但没有感情色彩，缺失了价值判断，也没有是非正义。

活动二：教师引导学生通过以上讨论分析谈谈认识，回答问题：综合以上不同立场的观点，我们作为今天的中国人，你觉得应该如何定义这场战争呢？

课堂归纳：英国为了打开中国市场而发动的侵略战争。

设计意图

抽丝剥茧、层层深入，通过四则史料对鸦片战争的不同定义，让学生理解不同立场对历史事件的不同解释，打开学生认识历史的一扇窗，给予学生启发和引导。

（二）教学片段：由浅入深、层层剥开

材料5：当时的人对于这些条款最痛心的是五口通商。他们觉得外人在广州一口通商的时候已经不易防范，现在有五口通商，外人可以横行天下，防不胜防。协定关税和治外法权是我们近年所认为不平等条约的核心，可是当时的人并不这样看。治外法权……不过是让夷人管夷人。至于协定关税……而且新的税则平均到百分之五，比旧日的自主关税还要略微高一点……所以他们……以为他们的外交成功。

——历史学家蒋廷黻

活动三：阅读、思考、讨论，回答问题：清政府是怎么看待这份条约的？以当时人的眼光来看，哪一条最痛？为什么？这属于什么思想观念？

学生：当时的人认为五口通商最痛。因为洋人从此光明正大进入中国大门，防不胜防。属于天朝上国、夷夏思想。

问题：清政府为何会觉得这是一场“外交的胜利”？

学生：因为此后可以不用跟蛮横的外国人交涉，减少麻烦；关税协定之后，比清政府原来的关税还略高一点。

问题：当时的中国人争取了什么？又放弃了什么？为什么会这样？

学生：争取与英国人划清界限，坚持夷夏观念。放弃了司法主权、关税主权。因为当时的清政府不懂国际公法和国际形势。法律意识、主权意识、关税意识缺失。

材料6：国威自此损矣，国脉自此伤矣，乱民自此生心矣，边境自此多事矣。

——清朝政府官员董宗远上奏

臣等伏思该夷所请各条，虽系贪利无厌，而其意不过求赏码头，贸易通商而止，尚非潜蓄异谋。

——签订《南京条约》的耆英、伊里布向皇帝报告

战争结束后，道光帝曾下令各省修筑海防工事……各地竟然旧样复制，全无改进。祁𡌴……因仿造火轮船……提议从澳门雇觅“夷匠”。这……触动了他（道光）的神经，宁可不要火轮船，也不能让这些危险的“夷匠”入境。

活动四：阅读材料，回答问题：清王朝是如何看待这场战争呢？国人开始改变了吗？

董宗远是从维护封建统治秩序着想，对内外交困的局势深感忧虑，但这在当时只是极个别官员的认识。

伊里布认为列强不过是贪图码头、追求贸易通商之利，没有认识到侵略者

的面目，也没有意识到问题的严重性，依然以天朝上国自居。

道光皇帝，虽受到触动，但地方上毫不重视。因传统夷夏观念根深蒂固，拒绝洋人入境，思想依然保守落后。

课堂归纳：综上所述，鸦片战争虽然击碎了“天朝”威严，但“天朝”的观念依旧。鸦片战争并没有促使当时的国人警醒，他们没有意识到自己的落后，更未意识到西方列强殖民扩张的野心，这样他们便继续沉睡了二十年，直到第二次鸦片战争的惨败，方才步履蹒跚地师夷长技。

设计意图

由浅入深，层层剥开，从熟知的《南京条约》到未知的《南京条约》，这些内容冲击了他们头脑里原来固有的旧知识，形成了新的兴趣点。通过提供不同角度不同身份的人的看法，培养学生多角度认识历史，丰富历史思辨能力和开拓历史视野。

刘彩芳：
追求有趣又增分的历史教学

个人简介

刘彩芳，女，毕业于陕西师范大学，硕士学位，中学一级教师，现为河源中学教师。黄洪章名教师工作室学员（2021—2023）。长期担任高三历史教学，成绩突出，所教班级先后有4名学生高考取得高分，其中1人在2020年高考成绩排名广东省第16名，另3人被北京大学录取。曾获得河源市高中教学突出贡献奖、高中教学能手、优秀教师、优秀班主任等荣誉奖项。参与多项课题研究，有多篇论文发表与获奖。

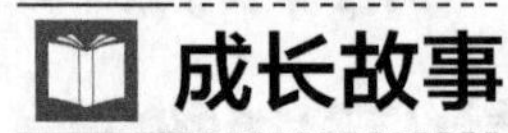

成长故事

名师引领，坚定前行

大学毕业后我初站三尺讲台，尚未脱离刚毕业学生的青涩，既有意气风发又有紧张拘谨，其间深造学业，2006年又脱产回到陕西师大继续研究生的学习，2009年毕业后来到河源中学任教，至今在教师岗位上走过了14年。14年的从教人生，于个人教师职业成长而言是一段无比珍贵的黄金时期。这一路经历了自信膨胀、自我否定、不断反思、反复总结、小有收获，成功与挫折并存，庆幸自己每一步都坚实地走了下来。

教师的成长离不开有情怀且优秀的教学工作者的引领，青年教师更是要怀揣梦想，抓住机会、创造机会学习。我的成长经历了三个重要的阶段。

一、第一次成长，从毕业新教师到合格老师

2009年至2012年即我从高一到高三完成了第一轮的循环教学。其间，遇到了一群有趣、有才、有情怀的同事，叶雨华老师、邓文清老师、刁意文老师、陈颖玲老师，叶老师课堂上给学生们讲风趣的小故事，邓老师总能把历史课上成德育主题班会课，刁老师开阔的思维很能引发学生深层次的思考，陈老师有严谨的备课思维。三年里，我每周听课8节以上，争取上公开课机会，虚心听取前辈们的评课意见，在交流学习中纠正不足，增强自己的专业能力，逐渐成为了一个合格的历史教师。

二、第二次成长，从合格教师到骨干老师

经历了一轮完整的高中教学后，我对高中历史教学有了比较初步的认知，但是在上课过程中总会出现讲解不够深入，不能有效平衡教、学、考之间的关系。除了利用各种外出学习机会与优秀同行们学习，我个人增加了教学理论和专业知识的深层次学习，给自己制定每1—2个月读一本专业论著、五篇教学论文的计划，养成了阅读必写阅读笔记的习惯，同时要求自己备课必须有教学设计，精心设置课堂设问，课后必须有教学反思。从教14年来，我积累了几十本书面教案和反思，2019年利用做课题的契机，开设了自己的微信公众号，分享自己的备课、上课的反思和感悟。这一期间也一直在激励自己写教学论文，做课题，迄今为止，多篇论文发表在省级期刊上，在市级论文评比中获得一、二等奖。参与多个课题组研究，个人也主持并完成了一个市级课题的研究，由此有效形成了自己的教学风格，在教学中形成了自己的教学理念。

三、第三次成长，从骨干教师到有思想的老师

我从教十余年外出学习无数次，非常正式地参加了两次名师工作室的学习，每次都感慨很深、收获良多。

2020年12月，河源中学三个年级一行12名历史老师来到东莞高级中学“毛经文名师工作室”交流学习。这次学习，简单总结就是始为感动，转而惊喜，继则深自省察，自知惭愧。感动毛老师为我们交流做的精心安排，惊喜交流团队之强大，发言之专业，态度之谦逊，惭愧自己作为一名教师丢了初心，忘了情怀，继则深自省察，自知差距！工作室老师们针对如何成为优秀的历史教师、如何上好历史课、新高考2021年如何备考、优秀生培养方案、新教材如何有效备课等几个中心问题展开。精彩的发言让我们老师犹如小学生一般，认真听课记笔记，给我们带来一个又一个内容满满、干货且风趣幽默的讲话。老师们虽然来自不同学校，不同年级不同层级，但都有一颗对历史教学充满热爱的初心。他们定义的优秀历史课应该具有高的专业标准和人文智慧，他们对历史

教育赋予了比取得优秀高考成绩更具实用价值，更可贵的是他们的言语中充满了教师对教学的热爱之情，彰显了他们把职业当事业来做的执着追求、孜孜不倦的精神，我们可以感受到历史课堂心中有人、有爱、有情怀、有灵魂。当天的工作室学习，大家不觉疲倦，个个听得意犹未尽。工作室分享优秀经验的老师们身上的自信和执着无不彰显毛老师名师工作室“分享、交流、学习、共进”的宗旨，如此友爱、团结上进的集体让我们羡慕，也激励我们这些后进生反思自己、后而奋起直追的勇气！

再一次的深度学习在2021年，我怀揣着对黄老师的仰慕、对历史教学的热爱、对聚名师同人力量共促进步的期待，参加了黄洪章名教师工作室的研修学习，有缘认识了一群可敬可爱的同人们。黄老师关于教师成长的讲座让我产生强烈共鸣，感思良多。黄老师提出一个教师成长的认知：从职初到骨干最后到专家型（教研），教师成长需要历经多次成长，强调教师们要通过教学反思、听专家讲座、课例研讨、积累阅读、撰写论文、参加校外学术活动、课题研究以及名师工作室培训等多种方式促进二次成长。黄老师个人从教经历、工作室的创办成长的励志事迹更是激励了在座的每位老师。

本人从事十多年的历史教学，个人感觉才刚刚学会教书，也就是才刚刚经历了黄老师所说的职初阶段。经历了两次新课标、新高考改革，对高中历史教学工作有了些许感悟，更是渐渐爱上了这份工作，现在努力让自己挣脱日复一日机械备课上课的任务式教书模式，希望自己能够成为一个有思想、专业功底扎实、有历史使命感、透彻学科素养，还是一个有情怀与责任的研究型历史老师。

为此我加强了教学研究，但是个体摸索的成长也是艰涩缓慢的，感谢工作室的点津，肯定了这几年我个人在教师成长的路途上的努力方向，比如即使可能只是自己盲人摸象地瞎琢磨也坚持写教学反思，即使质量不高也坚持撰写教学论文，大着胆子主持并完成了一个市级课题研究，积极参加学校搭建的名师学习平台等。不敢说成长多少，但是每次勇敢跨出一步，都是对自己的一个突破。

工作室是同伴互助、共同进步的平台。我们利用讲座空闲，围坐探讨各自历史教学中的一些困惑。徐丽芳老师抛出如何在一轮复习中优化学生开放题能力问题？春娟老师又提出如何让学生消除抵触小论文题目的情绪？贾凡老师毫无保留地介绍了自己多年积累、亲测有效的实际教学经验，她提出的鼓励教学、阶段式、类型集中练习等方法，给我们的实际教学提供了新的动力和思路。在探讨如何让历史学习生动有趣还有收获的问题上，陈法美、贾凡、许亚东等老师都曾采用同样方式，那就是重新构建基础知识，在教学中选取一位有代表性典型历史人物的视角代入当时历史情境，比如新民主主义革命时期选取以毛泽东个人成长历程为主题，从毛泽东经典论著中加深理解五四运动、中共诞生、国民革命、南昌起义、秋收起义、土地革命、长征、抗日等新民主主义革命在中国民主革命的深远影响。我们还与魏明枢教授、陈法美老师探讨了如何利用史料创设情境的话题：力求呈现时代风貌、构建历史现场，带学生重回历史现场，引导学生解读史料，让学生真切感知历史。这种情境教学研究给我很多思考，比如史料教学的困惑，为创设历史情境如何在备课中做好史料甄别和选择。

多年的教学职业的成长离不开学校领导的信任，他们给我机会，多年任教创新班，长期担任高三历史教学，取得了很好的评价，我先后获得河源市“高中教学突出贡献奖”“高中教学能手”“优秀班主任”“优秀教师”等荣誉奖项。上课深受学生喜爱，成绩突出，所教班级中先后有4名学生在近年高考中取得河源市“文科状元”，其中1人在2020年高考成绩取得广东省第16名（屏蔽）的好成绩，其中3人被北京大学录取。

回首这一路的成长历程，我认为在如此美好的时代从事历史教育，追求教师专业成长，何其幸运！何其幸福！我将继续为成为一名“自己孩子也满意的教师”而努力！

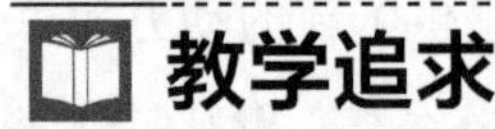

追求有趣又增分的历史教学

一、学生吐槽，枯燥的历史课

高中一轮复习接近结束了，来自学生吐槽的声音也慢慢多了起来：

上了高中，历史课变得枯燥无味，历史老师竟然不会讲故事！差评！

历史课超级无聊，不知道老师在上面背景、过程、影响……讲的什么！差评！

什么核心素养、时空观念、唯物史观、史料实证、历史解释、家国情怀，和历史有什么关系？差评！

考试都是特点、变化趋势、时代背景、阐述、评析、论证……就不能问点有意思的问题吗？差评！

当然，我们苦于备考的高中历史老师的苦水也是很多的：

高中历史三年，六个学期，五本教材，一年半上新课，一年半复习！紧迫！

初中老师讲的知识较少，课堂上问什么都不知道！担忧！

遇到比较难理解但是高考不考的知识点简单而过，学生一脸迷茫，无奈！

高考要求“一核四层四翼”，一讲学生就很烦躁，咋整？

高考变化多向，专家指导众说纷纭，学习培训天天有，反思、学习、实践等，学生不买账，成绩依旧不理想，老师确实感觉很无力！

高中历史课怎么就没趣了？

高中历史课怎么才能有趣？

前段时间去省某名校参加了面向高一、高二的“同课异构”学习活动，一堂课下来，小组学习讨论、画报、学案、史料教学、任务驱动教育、核心素养渗透等近年提倡的大多优课堂模式都有，和我们一个PPT讲到底的模式对比，的确这些新模式调动了大多数学生的积极性。

昨天在一个公众号看到这样一段话："我觉得历史天然就很能吸引人。小孩儿都是听着故事长大的，故事不就是历史吗？没有不喜欢听故事的孩子。为什么当这些故事连到一起，就变成一个枯燥的学科呢？我特别不能理解。"

二、角色互换，激活历史课

那么问题来了，高中历史老师问：对长期奋战在历史教育、高考备考中的老师，尤其是在复习阶段，如何让疲惫的高三学子们燃起学习历史的新激情？为了让历史课堂活起来，我做过一些尝试。

以前尝试过小组学习模式。但学生长时间习惯了静默听课模式，到了高三复习阶段要转换成积极发言讨论模式非常不容易，老师有意提问，学生启而不发，让他们站起来，尴尬蔓延到整个课堂节奏，费时费力。尝试过几次后，学生兴趣不大，当然无益于增分。小组讨论学习的形式，只好放弃。

现在采用角色互换模式教学。经尝试后，发现这种模式真的值得学习，特别是当前高中复习阶段。我这里就一次试卷讲评课的例子与大家共勉。

2021年12月学校参加了一个"省级"联考，为了调动学生在试卷评讲课的积极性，课堂上让学生对自己所考试卷"吐槽"，改编高考题，甚至试着命题。

这场考试考前我们多重视，考后学生就有多失望！不是成绩而是试题！用学生的话说，第一次考试考到想笑！每科老师都在质疑这样一套如此草率的试卷出自哪方神圣之手？

历史16道选择题有8道直接改编自历年全国卷或地方高考真题，改编得真的不能简单用草率二字总结！考后试卷讲评课，我让学生动手找出题目改编的原高考题，并分析改编的地方，并做简单的评价。

第3题改编自2021年山东卷第3题，先看看山东高考的这道原题：

（2021年山东卷·3）图1（图片略）是中国古代某一历史时期主要产粮区

示意图。该时期是（　　）

A. 秦汉时期

B. 隋唐时期

C. 宋元时期

D. 明清时期

课堂上学生们分析得非常好，学生的解题思维：史料文字信息和图片信息结合，以主要产粮区的所在集中区域为切口，考查南方经济开发的时代定位，学生结合文图史料概况得出主要产粮区在黄河以南长江以北，集中在山东、河南、安徽、江苏、浙江等地区，结合所学得出这是江南地区得到进一步开发，但尚未充分开发的隋唐时期。A选项秦汉时期江南尚未开发，C、D项宋元时期南方经济被充分开发。题目非常巧妙地考查学生的时空观念、历史理解的学科核心素养。

我们再看看联考改编后的题目：

（2021年高三联考·3）图2（图片略）是中国古代某个时期主要产粮区示意图。该时期（　　）

A. 江南得到充分开发

B. 理学成为官方哲学

C. 以小农经济为主体

D. 人地矛盾非常突出

学生吐槽"这个反套路是不是走得太远了些？""此题改编得比我数学题目蒙答案还草率"……

学生分析：本题题干文字、图片、史料原文照搬高考题，只是改编了选项。问题就在选项，通过题干信息，解题思路也和原题无别，只是在选项辨析上真的是一言难尽啊！一般常规思维下，命题者设置具体的时代情境史料，选项设置至少有两个选项有明显辨析性。这个改编题图文信息推出隋唐时期，所选选项C："以小农经济为主体"，这是整个封建社会具备的时代特征，做选择的时候很是迷惑，不是隋唐特有的时代特征啊，其他选项又明显不对，C选项又不敢下手！

第7题改编自2016年全国Ⅲ卷选做46题材料。

学生吐槽："最匪夷所思的一道题目。"

（2021年高三联考·7）1895年，严复说："秦以来之为君，正所谓大盗窃国者耳。国谁窃？转相窃之于民而已……斯民也，固斯天下之真主也。""西洋之言治者曰：国者，斯民之公产也；王侯将相者，通国之公仆隶也。"严复认为（　　）

A. 维新变法活动有广泛的群众基础

B. 中国要建立君主立宪政体

C. 开启民智实行民主的先决条件

D. 用进化思想宣传维新变法

（2016年全国Ⅲ卷选做46题材料过长，这里就不展示了）

学生说，考试时候实在看不出这材料中哪里体现了开启民智的内容？看看官方给的解析，"通过材料可以看出，严复批判君主专制，倡导民主，据此可以得知开启民智对民主政治的重要性，故选C。"看到这个解析，学生说真的被气笑了，好想叫出题老师出来一起聊聊，来解释下他们出题时候是怎么从材料中的哪句话看出严复先生"开启民智"的主张的？论从史出、史料实证、一分史料说一分话……学生说老师总是批评他们过度解释史料，这道题目倒是好了，以这样的题目做反面例子吗？学生们在讲解过程中问我说，B答案为什么是错的？我只能很无奈地告诉他们，因为出题老师要它错！

每节课拟定好主题，限制好讲述时间，选出主讲团队、评讲嘉宾，教学角色互换，学生从自己理解的角度融化成为以一个具体的设问，让学生结合教材、教辅、具体情境史料、高考题目，讲解比较抽象、空泛的历史结论语言、试题，并没有出现我担心的冷场、讲解不清晰等问题，反而课堂出乎意料地精彩，有些同学的讲解甚至比老师还清晰明了，作为老师也是受益良多。

总之，要激活历史课，需要将讲授的内容，结合课程标准，变换教学方式，做多元化模式尝试。角色互换模式虽不是唯一，但实践证明，它将课堂还给学生，学生在自我探究过程中扩展了历史知识的深度和广度，提升了学生的历史学科能力，有趣还能增分，因此角色互换模式是理想与现实的佳配。有趣的历史课并不是堂堂精彩，但我们可以试着做一个有趣的历史老师。

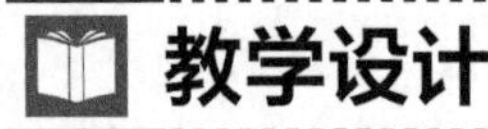

三国两晋南北朝的政权更迭与民族交融

一、教学目标

通过了解三国两晋南北朝政权更迭的历史脉络，认识三国两晋南北朝时期的民族交融和区域开发。

二、教学过程

（一）新课导入

同学们，东汉以来游牧民族的大举南下，冲击了欧亚大陆的农耕文明，华夏也在这一波浪潮中遭受严重冲击，西晋的灭亡预示着华夏文明濒临崩溃的命运。但是经过魏晋南北朝四百年的战争和改革，各民族之间的交流与融合空前加强，华夏民族先进的文化最终吸引了进入中原的少数民族，他们逐渐认同华夏民族，并最后成为了华夏民族的一部分，华夏文明不仅避免了崩溃，反而在此基础上不断繁荣昌盛延续下来。因此三国两晋南北朝时期的制度有了创新和延承、民族间加强交流与融合、区域经济得到开发与发展。

通过本课学习，同学们要了解三国两晋南北朝政权更迭的历史脉络，认识三国两晋南北朝时期的民族交融和区域开发，在第一单元的基础上，理解民族认同与民族交融下中华文明多元一体的发展趋势。

这一课共有三个子目，分别是三国与西晋、东晋与南朝、十六国与北朝。

课文中先讲南方的东晋后讲北方的十六国，主要从政权演变的角度，南方的东晋对西晋有直接继承关系，而北方的北朝为后来隋唐大一统帝国奠定了基础，这样的编排让我们历史学习更具延续性。

（二）教学新课

1. 三国与西晋——从分裂到统一

课本知识梳理。220年，曹丕称帝，国号魏，东汉灭亡，都洛阳；221年，刘备称帝，国号仍为汉，都成都，史称蜀汉，简称蜀；229年，孙权称帝，国号吴，都建业，历史进入一个大分裂大动荡的时代。

由于魏国的实力最强而蜀国的实力最弱，所以先是263年魏灭蜀，然后266年司马氏篡夺曹魏政权建立西晋政权，最后280年西晋灭掉吴国，完成了统一。

然而，西晋的统一非常短暂，当西晋的统治者忙于八王之乱的内斗之时，一个巨大的隐患正日益变得严重，这就是北方大量少数民族内迁。课本第29页西晋末年内迁少数民族分布与北方流民南迁地图反映了北方大量少数民族内迁推动了这一时期北方的民族交融。

2. 东晋与南朝——从统一到分裂

317年东晋建立。士族先后执掌朝政，成为东晋政权的主要支柱。这就形成了东晋的政治特征，士族专权，课本第30页“历史纵横”，反映了士族专权位高权重、势力庞大、威胁皇权、扰乱政权秩序的特点。

东晋士族之间争权夺利，势力逐渐衰弱。420年到589年，南方先后经历了宋、齐、梁、陈四个王朝，合称南朝。四个王朝均定都建康，加上先前在此定都的吴和东晋，又统称为六朝。

请同学们结合课本从西汉至南朝时期的地图，概述南方区域开发的条件。

参考要点：江南较为和平，社会环境相对稳定；北民南迁带去了工具、技术、劳动力；江南自然条件优越；统治者多采用轻徭薄赋政策。在江南开发的过程中，许多山区的少数民族也逐步与汉族交融。使南北方的经济差距逐渐缩小，为经济重心的南移奠定基础；促进了南方地区文化教育事业的发展。影响了古代中国文化中心的南移。

东晋南朝执政，一直处于南北对峙局势，后期南方逐渐衰落处于明显劣势，覆亡大局已定。东晋统治南方的时候，北方先后出现了一批割据政权，最主要的有15个，加上西南地区的成汉，合称“十六国”。其中大部分由内迁少数民族建立。“十六国统治者族属表”中少数民族政权名称突出体现了少数民族对华夏文化的认同。

少数民族政权要想在中原地区建立稳固的统治，就必须得到北方华夏族群的支持，必须封建化或汉化。后来统一北方的北魏政权在汉化方面做得更加彻底，其中最著名的就是北魏孝文帝改革。

同学们阅读课本第31—32页归纳北魏孝文帝改革的措施，一起来说一说改革的影响。

参考要点：这次改革重点在于顺应了北方民族交往交流交融的历史趋势，大大缓解了民族矛盾，为以后北方统一南方以及隋唐盛世的出现打下了基础。

6世纪前期，北魏发生动乱，分裂为东魏和西魏，稍后又分别被北齐、北周取代，上述五个王朝合称北朝。北齐、北周东西对峙，北周内政修明，逐渐占据优势，灭掉北齐。不久，隋朝取代北周，统一全国，终于结束了长达数百年的分裂割据局面。

（三）课堂小结

总之，这一时期北方的战乱和改革都极大地推动了北方的民族大交融。一方面各少数民族学习华夏文明，另一方面，少数民族文明成果也被华夏文明容纳、吸收，成为华夏文明一部分。本课学习中民族迁徙、局部统一、江南地区开发、统治者的改革、民心所向等，都说明魏晋南北朝时期分裂中也孕育着统一因素。

三、设计意图

（1）通过探究西晋少数民族内迁图和南北朝对峙形势图，了解三国魏晋南北朝时期的政权更迭、统一与分裂之争，增强学生维护中华民族统一的观念；

通过探究江南地区开发，增强对中华民族的认同与热爱。

（2）通过解读十六国统治者族属表、少数民族主动汉化等史料文献，感受中华各民族在交往交流融合中逐渐多元一体的发展趋势，认识到少数民族对中华民族的认同感在逐渐加强，以及中华民族包容开放的特点，增强对中华民族的认同与热爱。

陈法美：
趣味·思辨·人文

个人简介

陈法美，男，2008年华南师范大学历史学专业毕业，同年到东源中学任教，长期担任历史备课组长。现为东源县教师发展中心历史教研员。2021年被聘为华南师范大学历史文化学院第十五届说课比赛评审专家。黄洪章名教师工作室学员（2021—2023）。主要荣誉奖项有：东源县学科带头人、高考优秀学科教师、优秀教研员，河源市教师解题能力大赛第一名（2次）。参与省级、市级课题各1项，主持市级课题1项。多次参加市、县教学论文评选并获奖，发表论文2篇。

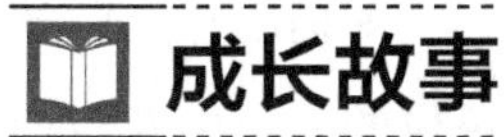

成长故事

良师引领，师爱相伴

一、在东源中学工作期间

2008年6月，我从华南师范大学毕业，同年7月到东源县教育局报到，在东源中学开始自己的职业生涯，从事中学历史教学工作。

很幸运，在这里我遇到了学科教学的领路人——备课组长周斌老师。他乐于钻研，认真严谨，对教学活动的细节处理很精到。记得当时每周一上午是我们集体备课时间，我们五位刚入职的老师和周老师围坐一圈，一起探讨本周主要备课内容。周老师很民主，经常先倾听我们的想法，然后言简意赅地给我们提建议。他的建议往往鞭辟入里，让我们的思路更清晰、实践更具操作性。这些日常点滴的指导对初入教坛的我帮助很大。

工作第一年很快就过去了，2019年下半年，周老师邀我一起指导历史研究性学习小组，后来我们把这个兴趣小组建成校级的学生社团——历史研究学会，每一届招收一批对历史学习充满兴趣并拥有较好文史基础的学生，和我们一起踏上历史学习和探索之路。在那段岁月里，我们组织学生开展读书讨论会、辩论赛、撰写历史小论文、分享学史心得甚至人生感悟，记录成长足迹。学生们也非常上进，常常给我们带来惊喜，我曾冒昧地将他们撰写的历史文章发给大学老师指点，大学老师得知这些文章出自高中生之手都表示很意外、也很欣赏，这给我们很大的鼓舞。

这期间有一件事让我印象非常深刻，2010年元旦那天，我和周老师一起到广州华师，找黄牧航教授请教中学历史教学方面的问题。黄教授当天陪爱人回老家了，当晚七点多才回到广州，但是他一回到广州就立刻赶来和我们会合，并热情邀我们共进晚餐，饭后带我们到他办公室喝茶交流。其间他女儿打电话找他，他跟女儿很快聊了几句之后，就回过头继续解答我们在历史教学方面的困惑。当得知我们在组织学生历史研究学会时，他很开心，立即提笔在《中学历史教学》红头便笺纸上写了一封信，信是写给我们工作单位的，信中对我们创办的历史研究学会多有肯定，并勉励我们“不断发展完善，成为东源中学的办学特色之一”。当时我们都很感动。这封信我们一直珍藏着，这对我后来走上教研之路也有莫大的鼓励和鞭策。

除了向黄教授请教之外，我有时也通过邮件向大学老师左双文、张庆海、黄珍德、杨锦銮等教授请教，还冒昧地向深圳市福田区教研中心嵇成中主任、山东省特级教师刘庆亮老师写信请教。他们都很热情回复、指导我。有一次我写邮件请左双文教授（他时任历史文化学院副院长）抽空列一个民国人物研究方面的书单，邮件刚发出不久，我就收到左教授的回复——“法美同学：因下午去北京，先发些参考文章给你，其中有一些资料线索，供参考。左双文”邮件后面附上了他列的书目，还有13篇他的论文。我至今仍记得当时的激动心情，每每想起，就感受到母校老师深深的关心、浓浓的人文情怀，他们以身作则，在无声中教我该如何当一名教师。

在同事的帮助和老师的指导下，我秉承“以生为本，师生共进”的教育理念，认真上好每一节课，用心对待每一个学生，工作第一年就被评为学校教学教研积极分子。我遵循因材施教原则，努力找到学生的兴趣点和长处，用心呈现多姿多彩的历史图卷，激发学生的学习兴趣和内驱力，以求最佳学习效果。为此，我也写了从教以来的第一篇论文《浅谈如何在中学历史课堂激发学生的学习兴趣》，并在市级教学论文评比中获奖。我先后带过三届高三毕业生，均取得优秀的高考成绩，所带艺术班有一位考生考取了清华大学，2015届高考所带文科班包揽了全县文科前六名。很多学生在上了大学甚至工作之后，都常有联系，节假日回到河源也有来家里一聚的。和传统的师生关系相比，我更喜欢和他们做知心朋友的那种感觉，这也是当一名老师的幸福之处吧。

二、在县教师发展中心工作期间

2020年，我通过考试进入东源县教师发展中心工作，开始了中学历史教研员的工作生涯。自己此前的教学经历都在高中，如今需要同时负责全县高中和初中的历史教研工作，恰逢新课程标准的颁布、新教材的使用、新高考和新中考的实施，这些让我倍感压力。其间，幸好有不少同事给我鼓励和帮助，同办公室的朱美仙老师是资深教研员，也是正高级语文教师，教研经验丰富，经常给我指导和鼓励，还邀请我加入她的省级课题组，带我开展研究；朱妙芳老师和王斌老师经常分享最新的教育理念、教学实践经验和教研思路，讨论开展学科联动教研活动，让我受益匪浅；其他领导和同事也对我多有关心和指点，帮我尽快适应新岗位的工作。

教研员这个岗位也带给我较多的学习机会，在一些培训活动中，我见到了马卫东、郑林、晏绍祥、李惠军、徐赐成、李凯等名师，他们对历史课程的解读和分析让我深受启发。同时，我也努力看书，购买了《中学历史学科核心素养的教学与评价》《史料实证的教学设计与学业评价》《有效教学》《追求理解的教学设计》等一批书籍，阅读并撰写论文，有两篇得以发表。

2021年10月，我接到大学老师陈果副书记的电话，她问我能否回学院给师弟师妹们的说课比赛当评委，那一刻我受宠若惊，感动于老师的认可，但另一方面也诚惶诚恐，担心自己的水平不够。当我表达了自己的担心之后，老师以肯定的语气鼓励我。踌躇再三，我鼓起勇气接受了此次邀请。事后证明这次比赛给了我难得的学习机会，师弟师妹们的优秀说课表现，另外两位评委——钟小敏师兄、杨文莹师姐的点评，都给我启发，助我成长。

三、在广东省黄洪章名教师工作室学习期间

2021年我有幸加入广东省黄洪章名教师工作室学习。黄老师身上那股老一辈历史学人谨严平实之风，理论导师魏明枢教授的谦谦学者风范，工作室学员认真好学的态度及坦诚互助的团队精神，都让我获益良多。随着研修活动的开展，我越来越感受到工作室浓厚的学习氛围和人文情怀，对工作室“专业引

领，同伴互助，聚焦课堂，交流分享”的理念，“读史明理，以文化人”的愿景理解也有深刻的理解。

有几件事让我印象深刻。一是课题研究方面。黄老师在“一边上课一边做课题”讲座中提醒我们要树立“课题意识”，重视积累课题素材。有了“课题意识”之后，就会时刻、处处留心积累课题素材，为研究工作夯实基础，再把研究过程做扎实了，凝练成果自然水到渠成。我彼时正主持市级课题《高中生史料实证素养的培养策略初探——以河源乡土史料为主要载体开展研究》，受此启发，我立刻在课题微信群里与成员交流了想法。在随后的佗城实地研学中，我和工作室的许亚东老师（也是课题组成员）拍摄和记录了一些乡土史料，为课题积累了素材。

二是关于听评课的标准。借着巫苏荣和谢造雄两位老师的同课异构及课后评课活动，我将自己的听评课心得梳理了一番，结合课标要求归纳出评课的几个维度，使自己思路更清晰。

三是关于“重回历史现场”的讨论。我向魏教授请教如何才能尽量做到让学生“重回历史现场”，刘彩芳老师等其他学员也一起参与了讨论，此次讨论总结了一些途径，也督促我继续查阅文章，后来读到一篇《回到历史现场：促进学生历史理解的重要途径》，挺有启发。

借着工作室的研修规划，我得以静下心来，梳理从教以来的教学理念，凝练教学主张，虽然不是很成熟，但为此所做的教学总结实在很有意义。

“三人行，必有我师”，回顾这一路走来，很感恩自己遇到好老师、好同事，他们都是我的良师，促我成长，还有我的家人也一直支持我，让我能比较专心思考和工作。我将继续努力，争取在教研路上有新的成长。

教学追求

趣味·思辨·人文

——打造有魅力的历史课堂

大学读史四年，毕业后教中学历史十四年，我对历史和历史教学有一些认识和体会。现自我审视，梳理概括，对自己的教学主张作一番简单阐述。

正如广西师范大学刘小林教授在《论历史教学理念的突破》一文中所说："寻求真正符合历史学科发展特点的教育模式……绝不是一些不顾及学科自身特点，舍弃学科精髓与真谛，对历史文化随意组装，或者简单套用其他学科，用低劣粗俗的教育改革方式进行简单模拟复制，甚至对历史学进行实用主义庸俗化的做法所能替代的。"这意味着，历史教学就必须带有明显的历史味，有典型的历史学科特点，唯有如此，才能彰显历史学科的独特魅力，让学生喜欢学、喜欢探究，乐在其中并学有所获，完成《普通高中历史课程标准（2017年版2020年修订）》（以下简称《课程标准》）所要求的"提高（学生）学习历史的兴趣，发展（学生）历史思维能力""培养和提高学生的历史学科核心素养"，进而实现现代公民所需的历史教育。那么，我们的历史教学到底最需要突出哪些学科特点呢?

我认为在日常中学历史教学中，我们最需要彰显的学科特点主要有三个——趣味性、思辨性和人文性。

首先，趣味性。历史是人的历史，作为历史主体的人是活生生的、有血有肉的，因此人类历史也必定是有温度的，多姿多彩的。因此，我们的历史课堂应努力呈现种种丰富多彩、精彩纷呈的历史图卷，同时采用多样的教学方式，以唤起学生的学习兴趣、激发其学习热情、增添其学习动力。在这方面相信同行们都有很多心得和经验，常见的方法例如：播放精彩历史视频，引用历史漫画，组织历史人物角色扮演，组织小小辩论赛，开展实物教学，等等。笔者认为还有一个方法很值得一提：采用乡土史料进行教学，直接拉近历史与现实的距离，让学生产生“历史就在身边”的感觉。例如笔者所处的河源市是客家人聚居地，因此可以在一些历史课上采用客家文化导入新课学习，学生一下子就觉得历史鲜活起来了。

以上种种，都能为历史学习增加趣味性，而兴趣是最好的老师，当学生对历史学习抱有浓厚兴趣的时候，学习效果自然也能事半功倍。

其次，思辨性。历史学科讲证据、重逻辑，重视理性辨析，倡导深度思考，形成知识体系和系统史观，充满思辨性，这在《课程标准》所列的学科核心素养里也有充分体现，例如史料实证、历史解释、唯物史观和时空观念等素养。历史学要求论从史出，“有一分材料说一分话”，史论必须有理有据，经得起推敲，这些都是同行们耳熟能详的原则。

钱穆先生在《中国历代政治得失》的“总论”里写道：“当前英国哲人罗素曾说过：讲哲学，至少有一个功用，即在减轻人一点武断。我想讲历史，更可叫人不武断。”讲的也是这个道理，而这也是历史学科的一大功能，即培养学生重视证据的实证意识、严密推理的逻辑思维、理性分析能力。而实现这一功能的核心方法是培养学生的史料实证素养。这体现在中学历史教学中，最直观的就是历史课堂还是要有一定的史料教学。尤其进行历史解释的时候，要有史料做支撑，以史料为依据，否则就空口无凭，难以令人信服。

这一点不仅高中历史课程标准如此要求，初中历史课程标准也是如此。《义务教育历史课程标准（2022年版）》第53页涉及学业质量标准时这样写道：“（学生）能够准确理解教材和教学活动中所提供的可信史料，如不同历史时期的实物材料、文献材料、图像材料和口述材料等，辨识其中的含义；能够尝试运用这些史料对重要史事进行简要说明，有理有据地表达自己的看法，表现出正确的价值判断和人文情怀。”可见，对中学生这方面的要求非常明确。

这方面，上海市教育委员会教学研究室中学历史学科教研员於以传老师给我们提供过一个非常经典的课例，他在《史料教学应充分关注证据价值及论证逻辑》一文中举了关于“南京大屠杀”证据链的课例。在该课例中，教师让学生反驳日本将南京大屠杀说成“20世纪最大的谎言”时，不是单纯从情感上进行反驳，而是要求学生拿出证据、结合论证方法来反驳。学生先后列举被害人（南京市民）、加害者（日军）、第三方亲历者（德国人拉贝、美国人贝德士等）三方史料进行论证，环环相扣，引人入胜，结论让人信服。於老师点评道：“教师以‘证明南京大屠杀铁证如山’为情境，引导学生运用文献、实物、口述等不同类型的史料，互为佐证，揭示不同史料的价值及其证史信度，进而以被害人的控诉为正面论证、加害者的自供为反面论证、第三者的旁证为侧面论证，三方内容彼此印证，彰显了证据链及论证逻辑在历史认识中的地位与作用……”这带给我们诸多启发。

《课程标准》自身的行文也体现了思辨性，例如它在选择性必修课程模块1《国家制度与社会治理》的“教学提示”里提出：“一是要从历史的角度考虑具体的国情和当时的社会状况，明了某一制度创立所要解决的社会问题；二是要对某一制度的创新之处和存在的缺陷进行辩证的分析；三是要注意某一制度是否在以后有不断完善或问题暴露、积累、激化的情况等；四是对不同国家制度进行比较时，要避免简单的类比和抽象的优劣评判……”这四个方面不就为我们对国家制度与社会治理措施进行思考辨析提供了严谨的思维角度吗？思辨精神贯穿其间。

由上可见，培养学生的思辨能力，是我们历史教学中必不可少的一环，也是培养学生核心素养的必经途径，这在当今知识碎片化的信息时代、键盘侠可以随意造谣的时代里显得尤为必要、意义重大。正如张汉林教授在《史料实证还是史料理解》讲座中所言：“当学生面对一张照片、一篇报道、一则评论、一段短视频或一篇自媒体文章时，能独立思考，不至于沦为他人思想的跑马场。”

再次，人文性。作为人文学科，历史学科天生具有人文性，可以说一切的历史事物背后都有人的身影，正因为人是历史的主体、是历史的中心，因此我们要存悲天悯人之情怀，也只有当我们的历史课堂具备了这种悲天悯人的精神和浓厚的人文情怀之后，才会有无限的生命力。

在这方面有不少历史学家提醒过我们，例如钱穆先生强调“所谓对其本国已往历史略有所知者，尤必附随一种对其本国已往历史之温情与敬意”。而中山大学历史系教授蔡鸿生先生则提醒我们要避免“见物不见人”。

《课程标准》直接将历史学科的人文性具化为“家国情怀”核心素养，并将其内容规定为：“家国情怀是学习和探究历史应具有的人文追求，体现了对国家富强、人民幸福的情感，以及对国家的高度认同感、归属感、责任感和使命感。学习和探究历史应具有价值关怀，要充满人文情怀并关注现实问题，以服务于国家强盛、民族自强和人类社会的进步为使命。”按照张庆海教授主编《家国情怀的教学设计与学业评价》一书的阐述：“《课程标准》除了规定了家国情怀的内容之外，还间接地提出了生命教育和树立人类命运共同体意识的内容。”笔者认为这三者中，生命教育位于首位，家国情怀居其中，人类命运共同体意识是前两者的升华，三者结合，真正实现立德树人的根本目的。

综上所述，我认为中学历史教学应当兼具趣味性、思辨性和人文性这三个学科特点。这三者也是相辅相成的：趣味性可以激发学生的学习兴趣，为广大学生提供最初的学史动力；思辨性让学生习得思维能力，智慧得以启迪；人文性则为学生找到学史的情感归宿，大而言之也是全人类的情感归宿。如此焕发历史课堂魅力，让学生在有趣、有味、有情的思想盛宴中完成历史学习任务，并获得支持其持续成长的生命力，这将让他们受益无穷。

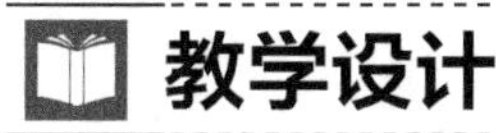

中国古代科举制度

一、教学目标

了解科举制在不同历史阶段的发展内容，分析科举制的特征，学会辩证评价科举制；了解中国科举制与西方近代文官制度渊源关系，增强对中华制度文化的自信。

二、教学过程

（一）新课导入

材料：龙川考棚组图（其中有一张是号舍的特写）。

活动：学生观察图片，回答：这是哪里？是什么场地？请说出图片反映的信息。

设计意图

学校地处河源，以龙川考棚（当地清末科举考场）这类乡土史料导入，可以直接拉近历史与现实的距离，增加趣味性，激发学生的学习兴趣。让学生观察号舍的食宿考试条件，可知古代考生参加科举考试的艰辛，唤起对古代读书人的关怀，也让学生看到制度背后的人。

（二）新课讲授

1. 科举制的发展历程

活动：学生自主阅读课文有关内容，以时间轴的形式呈现各个朝代科举制的主要内容。

设计意图

发挥学生学习主动性，锻炼学生快速阅读课文提取主要信息的能力，以时间轴的形式培养学生的时空观念。让学生通过自主学习快速了解科举制在不同历史阶段的发展情况。

教师小结：科举制发展历程。

2. 科举制的特点

材料1：唐代改成自由竞选，所谓“怀牒自列”，既不需要地方长官察举，更不需要中央九品中正评定；把进仕之门扩大打开，经由个人各自到地方政府报名，参加中央之考试。

——钱穆《中国历代政治得失》

材料2：朝为田舍郎，暮登天子堂。将相本无种，男儿当自强。

——（宋）汪洙《神童诗》

材料3：这一制度（科举制）……他们通过考试，品评人才的优劣，为政府机构配备文官……这一制度达到充分发展时，是由一系列的考试组成的。

——[美]斯塔夫里阿诺斯《全球通史》

活动：学生阅读材料，回答：上述材料反映了科举制具有什么特点？

设计意图

培养学生解读史料和归纳能力，认识到科举制具有公开性、公平性、以考试为选拔方式等特点，为后面分析科举制的作用埋下伏笔。

3. 科举制的影响

材料4：窃以国家取士之制，比于前世，最号至公……又糊名、誊录而考之，使主司莫知为何方之人，谁氏之子，不得有所憎爱厚薄于其间。

——（宋）欧阳修《欧阳文忠公文集》

材料5：士人可以不经荐举，直接报名考……由政府择优录取，从而纠正了魏晋以来世家大族垄断用人做官大权的状况。

——韦庆远《中国政治制度史》

材料6：天子重英豪，文章教尔曹；万般皆下品，惟有读书高。少小须勤学，文章可立身；满朝朱紫贵，尽是读书人。

——（宋）汪洙《神童诗》

材料7：历代中举名单中的有名人物——唐代的王维、张九龄、韩愈、柳宗元、刘禹锡、颜真卿、白居易；宋代的欧阳修、王安石、苏东坡、司马光、朱熹、包拯、寇准；明代的张居正、海瑞、徐光启；清代的纪晓岚、郑板桥，等等。

材料8：八股之害，等于焚书，而败坏人才，有甚于咸阳之郊所坑者四百六十余人也。

——（清）顾炎武

材料9：（科举制度是）人类所发展出的选择公仆的方法中最奇特、最令人赞赏的方法。科举制度后为西方文官制度所借鉴，其对世界文明的贡献可与“四大发明”相媲美。

——摘编自［美］威尔·杜兰特《世界文明史·东方的遗产》

活动：学生自主阅读、思考，回答问题：我们该如何评价科举制？

设计意图

通过多个角度的材料和综合性较强的设问，锻炼学生史料实证、历史解释等能力，让学生多角度认识科举制的影响，尤其认识到公平性是科举制始终不变的重要精神。在材料选择上，尽量呈现古今中外等多个角度的史料，其中材料7是学生熟悉的名人名单，这让学生更容易理解科举制有利于公平选拔人才的积极作用，同时关注政治制度中的人，避免“见物不见人”；材料9则呈现了科举制与西方近代文官制度的渊源关系，有助于学生认识到科举制是中国古代重大的创举，加强对中国古代政治文明发展的认同，涵养家国情怀；材料8则揭露了科举制的异化——明清八股取士制度的弊端，促使学生对该制度进行反思。

课堂归纳：科举制的利与弊。由师生一起完成，形成板书和笔记。

4. 拓展

材料10：其次我们要讲及八股文。这是明代考试制度里最坏的一件事。从明代下半期到清代末期三四百年间，八股文考试真是中国历史上最斫丧人才的……正因为当时应考人太多了，录取标准总成为问题……所以演变到明代，又在经义中渐渐演变出一个一定的格式来，违反了这个格式就不取。这不过是一个客观测验标准……目的还是在录取真人才。然而人才终于为此而消磨了。

——钱穆《中国历代政治得失》

活动：学生阅读材料，说说自己的感想。

设计意图

让学生从另一个视角看待八股取士，学会“对某一制度的创新之处和存在的缺陷进行辩证的分析”［《普通高中历史课程标准（2017年版2020年修订）》第24页］，养成多角度理解历史的习惯。

许亚东：幽默历史

个人简介

许亚东，男，中共党员，大学本科学历，高中历史高级教师，现为广州大学附属东江中学教师。黄洪章名教师工作室学员（2021—2023）。长期担任班主任、备课组长，所教学生考入中国美术学院和中央美术学院等名校。获得东源县优秀班主任4次、优秀教师1次。课例《抗日战争》被中国教育学会评为“一师一优课、一课一名师”一等奖。参加县、市公开课及讲座10余次，参与市级课题研究两项，发表论文10多篇。

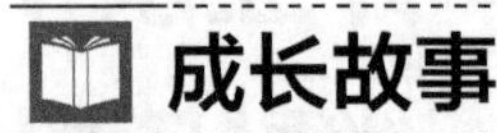

成长故事

思索中前行，历练中成长

受父亲影响，高中时期我便喜欢上了历史，高考后最终义无反顾地选择了历史专业。2010年毕业后，先去了一所民办初中任教，次年通过招考进入高中学校，其间一直兼职班主任，至今已有11年。

为教育事业奉献一生的历史特级教师孔繁刚老师告诫青年教师说："教师价值存在学生心中！"这句话深深地打动我，让我真正产生了为教育事业奉献一生的热情和追求。我思考如何上我的历史课，让历史不再是冰冷的年份和数字，而是一个个有温度的故事；我尽力用辩证的眼光去还原那些历史人物和历史事件，挖掘其背后不为人知的故事，让理性与幽默充实课堂。但这也着实不易，我只在这条路上不断思索前行，历练成长。

一、从坐不住到坐下来

第一年教高中，对教材不熟悉，上课节奏掌控不佳，课堂气氛和课堂重难点把握不好，尽管我的亲和力发挥得淋漓尽致，但是与有温度的历史教师仍旧相差甚远。我痛定思痛，深知自己没有跳槽的条件，只得哪儿跌倒再从哪儿爬起来，把心一横，坐冷板凳，老老实实地钻研业务：把课本仔细推敲一遍，想想教学目标；把近五年的高考题仔细做一遍，看看考试特点；把近年的杂志报纸找来阅读思考一下，改改教学方法；把大学的专业书籍拿来再学一遍，稳稳教学的根基；把老教师们的课虚心听几遍，学学他们的经验；经常邀请领导和同事们听听自己的课，找找教学的毛病，特别是新来的研究生屈耀琦老师给我很大的帮助。蹲下身子下力气干了两年之后，我追求的有温度的历史课堂有了起色，逐步形成了自己的雏形。

担任高三教学后，我带的班作为普通班，不少孩子考上了好大学，让我自己明白选择了一种职业，就选择了一种成长方式。别人的工作再好，那毕竟不是自己的。临渊羡鱼，不如退而结网。没有其他选择，就蹲下身子过日子。工作既是给别人干的，但更是给自己干的。因为，这是实现个人价值的最佳选择。人的潜力很大，有时候往往超出自己的想象，但关键是态度。所以第一轮高中循环教学我一直在打磨自己的课堂。

二、从行业新手到业界骨干

机遇往往眷顾那些有准备的人。工作中想的点子多了，自然就有了创新的可能；读的书多了，自然就有了写点东西的冲动。干什么事情都是一样，不能坐而论道，要起而躬行。成功和失败的差距往往只有一步，那就是落实。在第二轮的高中循环教学中，我把打造有温度的历史课堂作为自己的追求。

我开始重视对历史课堂的营造，尝试将历史知识人性化，使有效的课堂和有温度的课堂结合，也学着整合教材把自己山东求学经历带入课堂，更是采取多样化手段，可以视频，可以学生讲解，可以户外参观，可以融入家乡历史等，使历史课变得丰富饱满，学生活力大增。事实证明，这样的课堂有成效：黄炫同学高考文综成绩获得了东源县第一名；本人发表了论文，学校教学能力大赛多次获奖，参加河源市教师解题能大赛获得三等奖，两次被评为东源县优秀班主任。这说明的道理是：三流的教师让学生获得知识，二流的教师让学生拥有能力，一流的教师让学生感悟做人的道理。

三、从一个人到一个团队

德国总理默克尔有句名言："如果你想走得快，那么你就一个人走，如果你想走得远，那么就同他人一起走。"当下，是一个团队合作的时代，面对教育改革的日新月异，教师特别需要杜绝以前那种小作坊式的"单打独斗"，特别需要教师的团队合作，需要教师之间彼此支持，相互切磋，相互学习，资源分享，形成合力，共同成长。

在第三轮高中循环教学中，我开始做备课组长，在组内倡导、推进有温度的历史课堂，作为“组风”。它有两个关键点：第一，做人要真诚厚道。作为历史教师，必须体现出人文学科应有的品味和气质。一个师德高、修养好的教师，在做人方面，最准确的形容词，我们认为就是“真诚厚道”。第二，做事要相互欣赏。文人相轻，流毒甚深。但在团队合作中，只有大家相互欣赏才能和谐共生。我们组涌现出不少做事认真踏实、上课深受同学喜欢的老师，备课组多次获得学校优秀备课组称号。水尝无华，相荡而生涟漪；石本无火，相击而发灵光。在团队的密切合作下，本轮高考本科总人数创新高，我个人带班的学生罗若芸考入中央美术学院，黄文静考入中国美术学院，不少学生考上了重本线。

这期间我也在团队合作中不断成长。我至今担任学校历史学社指导老师，本人编写的《南越王赵佗》《客家人由来》成为历史学社的必讲课。我也定期对不同年级学生进行知识讲座，如2021年1月开展了《抗美援朝》讲座，开展县级和市级公开课6次，这些课程和讲座立足河源，厚植了学生的家国情怀。我有两次在校园文化艺术节中被评为“优秀指导教师”，2018年、2019年和2021年被评为“校优秀教师”，2018年、2019年和2021年被评为“校深受学生欢迎教师”，2017学年在学校解题能力大赛中获得三等奖，2018年、2019年获得学校“解题能力大赛二等奖”，2020年在建校十周年表彰大会上被授予“建校十周年杰出贡献奖”，2021年报送的课例《全球新航路的开辟》被评为中国教育学会2021年度“一师一优课、一课一名师”活动一等奖，2021年4月课例《从局部抗战到全面抗战》被教育部基础教育课程改革研究中心评为全国优秀教学设计一等奖。

四、从小讲台到大平台

在一个人的成长历程中，有追求的人一定会得到很多“贵人”的扶持，在第四轮高中循环教学期间，2021年8月加入广东省黄洪章名教师工作室，是我成长经历的新阶梯，是一份荣耀，也是一份担当与责任。黄老师工作严谨，为人温和谦虚，在研修中倡导追求个人教学风格，强调一边上课一边做课题，这些让我受益匪浅。不止这些，我在工作室还认识了工作室其他成员，热情细心有活力的何龙老师，推文高手不辞辛苦的莹珠老师，认真踏实的造雄老师，性格开朗的春娟老师，安静自然的苏荣老师，自信善谈的贾凡老师，深藏不露、能力突出的彩芳老师，文静谦虚的小琼老师，工作激情的丽芳老师，老朋友法美老师，他们都对我的成长有很大的帮助。我深刻反思，不断突破，重知厉行，勇于创新，以一个全新的自我，去回报他们的信任和培养。虽不能至，然心向往之。

历史是一门人文学科，所以赵亚夫教授倡导“新历史教育”“人格教育”“公民教育”，齐健教授呼吁要教给学生“有生命”“有思想”“有情感”“有生活”的历史，任鹏杰主编强调“历史教育的终极取向”是“帮助学生认识自己、做好自己”“服务人生”。向名家学习，实现专业成长：给学生以思想、眼界、胸怀和情感，是我的追求；传承文脉、普及文化，是我的责任；读书和思考，是我的生活；做一个有温度的教师，则是我的终生目标！

教学追求

幽默历史

——我的教学风格

面对新一代的学生，高中历史课堂面对新的挑战，兴趣教学提上重要日程。如何调动高中生的学习兴趣，让高中生在快乐中学习已成为历史教师探索的重大课题。课堂幽默艺术指的是用幽默且回味无穷的语言进行教学，让高中生在知识、能力、思想、人生观等方面都有所提高的一种教学艺术，它的特点是在诙谐、风趣的语言里渗透着深刻的哲理，轻松中暗含着严肃，高中生在这种轻松愉快的学习环境中掌握知识、获得能力。教学12年有余，一直思考自己的教学风格，我主要追求的是历史课堂的幽默教学风格。

一、实施幽默教学的几种方式

1. 根据教学内容预设幽默

其一，谐音幽默。我在高中历史教学过程中经常对教材中的人名、国名等进行幽默处理，增强了教学效果。如讲述中国古代史“明朝对外关系”一章，提到戚继光抗倭，我先点明倭寇之患的形成，再说明明朝中后期最严重的倭寇之患在嘉靖年间，对这位在位时间长达45年的无能皇帝，人民对他的评价只有一句话：“嘉靖嘉靖，家家皆净！”每一个家庭都被剥削得一干二净！这种谐音幽默法使学生很快就能掌握此处的历史知识。讲述1900年八国联军侵华时，英俄德法美日意奥这八个国家名不好记，我可将其顺序打乱变为：“英法奥美日德意俄”，谐意为“英法奥每日得一鹅”，如此学生很快就记住了八国的名称，而且不容易忘掉。

其二，比喻幽默。运用形象生动的比喻，既可加强学生对历史知识的记忆，又能加深学生对历史知识的理解。在讲述“明朝君主专制的加强”时，提到朱元璋设立特务机构来加强统治，我先向学生讲道：“明朝统治者不仅直接指挥侍卫亲军锦衣卫对文武百官和人民群众进行侦察、逮捕和审讯，而且还到处办厂，设有东厂和西厂，只是这两个厂并不是为了经营商业，而是为了加强对人民的镇压。”这样比喻，不仅使学生感到有趣，而且有助于学生加强记忆。又如讲述世界现代史“二战”后日本经济崛起一课，我先向学生说明：“日本在战后经济的腾飞很大程度上依赖于美国的纵容和扶植，因此‘二战’后日本的内外政策在很长一段时间里都唯美国马首是瞻。具体地说，就是美国打个哈欠，日本就要感冒了。”如此比喻，既形象生动，又贴切恰当，使学生能准确地把握和理解“二战”后的美日关系。

2. 利用课堂情境创设幽默

课堂40分钟是教学活动的最主要时空，我善于发现教室内的各种表象，善于捕捉各种契机，然后及时地进行幽默处理，以活跃课堂气氛，密切师生关系。有一次，我们班上一个叫范娴的学生，上课睡觉，我说："范娴，你是不是穿越到《庆余年》去了，去找鸡腿姑娘了。"

利用课堂情境创设幽默的做法，必须根据课堂上学生思想状态和心理活动的阶段性变化特点，适时地发挥恰当的幽默。如上早晨一、二节的课，学生兴致高昂，教师就不必过多地讲求幽默，上午第四节和下午的课，学生比较疲倦易睡，就要注意调动学生注意力。

前半节课气氛往往比后半节课要容易调动。我在讲述中国古代史"张骞、班超通西域"一节时，讲到丝绸之路的开通：起点——长安，中转站——安息，终点——大秦。此时正好是上午第四节，天气异常炎热，学生注意力有些分散，有少数几个同学甚至打起了瞌睡。在这种情况下，如果继续讲下去，势必影响教学效果。于是，我稍作停顿，接下去讲："请大家注意，丝绸之路是古代史上中国同西亚和欧洲国家进行经济文化交流的一条重要通道，我们要掌握丝绸之路的具体路线，尤其是中转站安息。如果你们再不认真听课，继续瞌睡下去，恐怕就真的要安息了。"大家一听这话，都忍不住乐了。于是，课堂气氛又重新活跃起来。

3. 抓住突发事件巧设幽默

历史课堂往往比其他课堂要生动活跃，课上可能发生的突发事件也比较多。我在讲述中国近现代史"抗日战争的爆发和国共联合抗日"的过程中，讲到日本侵略者发动"卢沟桥事变"，开始全面侵华时，同学们被我激昂愤慨的声调感染，课堂静寂无声。这时，窗外突然吹进一阵大风，将教学挂图吹落在地，课堂气氛被打断了。此时此刻，我一边不慌不忙地走过去将教学挂图拾起，一边自言自语地说："看来大风也在反抗日本的侵略！"大家哄堂大笑起来，我也会心地笑了。如此一句话，师生同乐，接下去的课就好上了。

二、实施幽默教学的几点要求

1. 教师个人要具备宽广的知识面和一定的幽默素养

这是实施幽默教学的前提。俗话说："要给学生一杯水，教师得有一桶水。"首先，我针对历史教育的范畴，对大纲、教参、教科书等一些相应的教辅材料进行系统的学习，从而完整把握历史发展的脉络，只有这样，当我站到讲台上面对学生之时，才有那份自信去给学生"一杯水"；其次，还应具备一定的幽默素养，平时多看一些有关幽默的报刊、杂志，如读《演讲与口才》《幽默大师》，听德云社一些小品等，以培养自己的幽默素质，养成幽默达观的开朗气质。这样，对教学有帮助，对整个人生都大有裨益。相反，一个平时木讷机械、沉默寡言的人，不仅不能上出一堂生动活泼的课，而且其人生道路也会欠缺精彩。

2. 教师要在上课前调整好心态，以乐观的心态去感染学生

当我站到讲台前面，总是以最好的心态对学生进行言传身教。即使课前遇到什么不顺心的事，情绪如何变化，也尽量将自己的情绪调整到最佳状态。只有这样，才能在课堂上不断闪现出幽默的灵感和小火花。反之，如果将低落的情绪和心态带进课堂，不仅教师本身幽默不起来，而且还可能将这种低落的情绪传染给学生，影响其学习情绪和效率。有的教师，上课进教室时气咻咻，讲课过程中对着全班学生大发脾气，或批评学校，或抨击时弊。结果，一堂课下来，不仅教学任务无法完成，学生的心情也大受影响，其教学效果就可想而知了。作为人类灵魂的工程师，我们主张以乐观的心态去感染学生；以高尚的情操去陶冶学生；以幽默的语言去打动学生。

历史学科是人文科学的一门重要学科，历史教学在培养和造就跨世纪人才方面占有举足轻重的地位。常言道：读史使人明智。历史教师要明确自身所肩负的重任，努力充实自己，在教学上多下功夫，多出"花样"，逐步将历史教学纳入素养教育的轨道上来。我会在这条道路上继续走下去，不忘初心，砥砺前行。

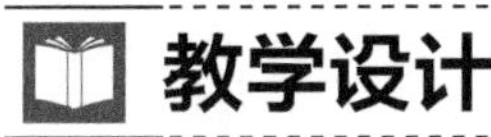

文化遗产：全人类共同的财富

一、教学目标

了解文化遗产与非物质文化遗产的定义、区别，文化遗产的保护与理由，文化遗产的价值和保护原则，各国的历史遗迹与文化遗产，文化交流与传播的主要方式、途径和载体。

在教学中通过营造幽默课堂，设置创新情境，培养学生核心素养。

二、教学过程

（一）温故知新

请合上课本，用2分钟时间，在练习本上写出上节课所学的文化传承的主要载体有哪些（批改要求：同桌三人交叉批改，圈画出错、漏之处）。

（二）引入新课

师：你知道河源有哪些文化遗产吗？（可以找2名本班对吃有研究的同学回答）

（三）新课学习

1. 文化遗产保护的必要性

请同学们用2分钟时间阅读课本第83页第一段和第85页第一段最后两行，并结合以下史料和视频，口述出你对文化遗产保护的必要性的认识（是全人类的宝贵财富，是人类历史文化的载体；有利于传承民族文化、维护世界文化的多样性和创造性；文化遗产一直受到严重威胁）。

2. 文化遗产保护举措

请同学们阅读课本第83—85页，归纳保护文化遗产的举措，同时用笔在课本上画线标记出来（3分钟内完成），将特点和意义写在练习本上（5分钟内完成）（按照座位提问同学）。

3. 文化遗产的类别

请同学们阅读课本第85页第一段以及两个历史纵横内容，归纳概括世界文化遗产有哪些类别，在练习本上以思维导图形式呈现出来，并罗列出每一类别的代表性文化遗产，写出一个即可（3分钟内完成；教师示例：以数学集合形式展示）。

4. 文化遗产的分布

请同学们用2分钟阅读课本第86—87页，并结合历史地理学知识在练习本上写出图中标注的色块区域分别有哪些代表性文化遗产（教师拍照，然后通过微信图片，向同学们展示优秀答案）。

5. 世界遗产在中国

截至2021年共56项（注意第86页学习聚焦，简单讲解第87页昆曲，可以找两名同学学着视频哼唱）。

（四）知识迁移

传承文明，力行为先。6月11日是2022年文化和自然遗产日。2022年文化和自然遗产日活动主题为“文物保护：时代共进　人民共享”。聚焦“让文物活起来”，扩大中华文化影响力，为公众提供多样化文博内容供给，展现文物资源活力和价值内涵，推动文物保护利用成果人民共享。那么，如何让“文物活起来”？请为我们河源非物质文化遗产“忠信花灯”设计一个简单的推介策划案（小组讨论2分钟，每一组选择代表作为家乡推荐官去讲台阐述方案，可以专业幽默地点评）。

（五）历史名片

忠信花灯，流传于广东省河源市连平县东南部六镇（忠信镇以及周边五镇）传统赏灯民俗中的艺术精品。它是集绘画、剪纸、书法、对联、诗词、编织等于一体的综合性艺术。忠信花灯有十多种，分别是缭丝灯、宫廷灯、参灯、磨灯、紫灯、龙凤灯、宝莲灯、百公灯、廓灯、五福灯等。忠信花灯是忠信民间客家文化的组成部分，元宵节的装扮，赏灯习俗的重要载体。2011年被列入第三批国家级非物质文化遗产名录。

（六）课堂小结

请同学们用2分钟在练习本上画出本课思维导图。

（七）课后作业

（1）通过实际参观或网上调查，讲解任意一处历史遗迹。

（2）考察身边是否有非物质文化遗产，并对其进行讲解。

（3）了解现代信息技术如何助力人类文化传播与保护，同时又给人类文化发展带来了哪些挑战。

（八）参考视频

《国家宝藏》；《如果国宝会说话》；《我在故宫修文物》；《万里走单骑——遗产里的中国》；河南卫视“中国节日”系列节目（如《端午奇妙游》）。

（九）课外活动

花灯传情情牵忠信人。

李春娟：
简约风趣，知情交融

个人简介

李春娟，女，中学历史一级教师，现为隆师中学教师，广东省黄洪章名教师工作室学员（2021—2023）。曾获得河源市中小学德育论文一等奖、中小学（幼儿园）教师优秀教学论文中学组二等奖、历史微课制作二等奖，龙川县基础教育精品课制作一等奖、教师解题能力大赛一等奖。论文《基于微课构建与应用的高中历史教学》发表于《教学与研究》，县级课题“提高高中历史课堂效益的策略研究”结题。

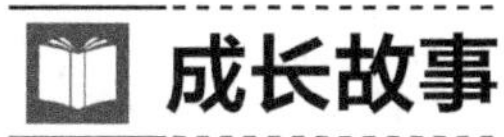

成长故事

我的梦想：做一名不断成长的历史老师

春去秋来，时光飞逝。回首凝望，我竟然已在教育行业里耕耘了近十个年头，我也从一个懵懂的年轻教师成长为略有成绩的青年教师。

一、初心——成为一名教师

人生成长路离不开教师。犹记得在上学前班时的刘小娟老师，非常的温柔可亲，就像是另一个妈妈，她教我什么是礼貌，什么是规矩，教我们写字画画，让我对教师这个职业有了直观的第一次认识——温柔可亲。那时，小小的我想长大以后也要像刘老师那样成为温柔可亲的老师。在随后的学生生涯中我遇到了更多的老师。他们形形色色，有严肃刻板的赖红梅老师，她眼里容不得半点沙子；有幽默风趣的黄国强老师，他的课堂欢声笑语；有刚毕业的年轻教师，他与我们无话不谈；有经验丰富的资深教师，他们对我们循循善诱……正是这些老师，让我慢慢地对老师这个职业有了更深入的理解——老师不是只有特定的一种样子。老师可以是各种各样的。青春萌动，所以在高考后我填报了师范专业，初步接近了我的理想。

高考后我被广州大学录取，在广大人文学院历史系我接受了四年的专业培养。当时更多的是理论的学习，很少有实践，所以只有泛泛而谈的理论知识，设计教学时也只注重知识的传播；直到大四实习时真的跟学生面对面地接触，才发现学生不是只想要学习书本的知识，他们还关注着老师的言谈举止，学生是个群体同时也是丰富的个体，老师在教学中要关注集体也要关注个体……大学的学习和实习使我更加深入地了解了教师，也对如何当个老师有了初步的想法，也更加坚定了我的想法——毕业后当个教师。

2013年夏天，我顺利地通过教师招考，成功实现自己的理想——成为了一名高中的历史教师。

二、前行——成为好教师

（一）支持与理解——坚强的后盾

从教近十年，回顾这些年的教学之路，我深感个人的成长除了个人的坚持、钻研和努力，还离不开学校环境和家庭环境所形成的强大底蕴。重要的是我入职后就处于良好的工作环境中：在学校我得到了领导的支持、同事的帮助，学校成为我成长的摇篮。这里特别要提出的是，感谢学校的青蓝工程，安排了青年教师曾春老师作为我的师傅，在刚入职的那两年曾春老师给予了我很多的帮助。特别是专业上的帮助，她的教案、课件会根据上课的反馈一改再改，上课时也不是照本宣科，她会根据学生的反应进行及时的调整。而从模仿她上课到自己摸索着成长，刚入职的我顺利并且较快地进入了教学状态。在家庭中，我的家人也全力支持我的工作，主动承担家务，做好了后勤工作，让我能心无旁骛地在工作中成长。

（二）学习与培训——提升自我

在新的社会背景下，在新课标的要求下，想要给学生一滴水，教师要有长流水。要做到水源充沛，需要我们不断地丰富自己的知识储备，提高自己的业务水平，所以我们在工作中要不断地学习。从业那么多年来，我积极主动参加各类培训，提升了自己的业务能力。

特别有幸的是，我成了广东省新一轮（2021—2023年）黄洪章名教师工作室的学员。在这里与名师学习，与优秀的成员学习。正是第一次的跟岗学习，让我认识到了自己的不足——注重教学而不注重教研。虽然在此之前我也撰写了几篇教学论文，参加过课题研究，但是都不够深入。正如黄洪章老师所说，现阶段我们应该实现教师生涯的第二次成长，成为一名研究型的教师。怎么去实现呢？黄老师给了明确的思路，要明确自己的教育思想、教学主张和教学风格；在教学上要有代表课；要能保持旺盛的学习欲望，多看书，多思考，积极写作；要积极参加教研活动，利用好课堂学习来进行课题研究；要从漫无目的地教，到有目的地形成、提炼自己的教学风格。黄老师的话醍醐灌顶，让我振奋起来，哪位名师没有自己的风格呢？我也想在未来成为名师，我也该凝练自己的教学风格。反思近十年自己的教学实践和最近一年多的反复摸索，我确定下我追求的教学风格是“简约风趣，知情交融”。

（三）实践与反思——验证完善理论

学习是为了更好的成长，但各类培训大都是理论的学习，要想得到实际的提升，我们要依赖实践。实践是检验理论成果的最有效的途径，没有经过实践的理论只能说是空想。在确立我的教学风格、教学主张时，我经过了多番的实践和调整，从最开始的生动风趣到简约风趣，从情怀到知情交融。在课堂的实践中，我发现如果只追求生动风趣，那么课堂确实也有灵动性、趣味性，但是容易忽略知识的重难点；讲情怀，但是情怀在课堂里难以表现，因此我提出了“知情交融”的主张。在现实中，先让自己成为有理想信念、有仁爱之心、有道德情操、有扎实基础、爱学善思、不断追求进步的人，随后才能从容不迫、有条不紊地面对变化多样的教育教学工作和各种各样的学生，用自己的良好习惯潜移默化地影响学生，使学生在领会知识的同时，学会为人处世，达到知情交融的教育功效。

为了提升自我，近一年来，我更经常地阅读各类专业书籍，积极撰写教学反思、教研论文，参加各类教学能力大赛，还尝试主持课题研究……这些实践，有成功也有失败。这让我认识到天外有天、人外有人。我们要想取得更多的成绩，要想把课堂上得更好，要想有一节出彩的代表课，就必须要不断地实践反思。我认为要想成为一名优秀的教育工作者，我们首先要有扎实的专业知识，其次是良好的教学组织能力，再次还要做好案例的积累工作，最后要有与时俱进的学习能力，找到更好的教学方式，不断进取。

回顾成长之路，我深刻地感受到这个世界是留给有准备的人的，只要我们不畏前路艰险，勇于追寻，坚持不懈……秉持着坚定的信念，一往无前，你会发现人生路上的各种风景，有挫折的泪水，也有成功的欢笑；你会发现前进的道路上有很多同路人，他们在各个方面支持帮助你。未来很远却也很近，只要我们不忘初心，砥砺前行，定能把握当下，不负韶华！

教学追求

简约风趣，知情交融

——我的教学追求

我关注教学风格，是因为它是一个教师在教学工作中成熟的标志，是教师自身综合素质、个性特征乃至人格在教学上的全面反映，值得每个老师为之付出努力。我期待形成自己的教学风格，能够通过自己的课堂教学促进学生德智体美劳全面发展。虽然现在我的教学风格还没有完全成熟，但一路走来，我追求的是打造"简约风趣，知情交融"的历史课堂。

一、何为简约风趣、知情交融

（一）关于"简约风趣"

"简约风趣"中"简约"指的是删繁就简、重难点突出，"风趣"则指的是语言举止幽默有趣。

现今高中历史教材文字多，图片篇幅虽有所增加但观赏性小。历史学科知识点又多，要记的内容也多，学生找不到重点在哪里，在看教材时往往会觉得比较枯燥无味。如果历史老师上课时还是照本宣科，那就很难达到想要的教学效果。所以在历史课堂上"简约风趣"就显得尤为重要。

在我的历史课堂中，"简约风趣"是在备课上精于设计、删繁就简，在课堂上用举止、言语等手段营造欢快、和谐和宽松的课堂氛围，以此使老师能够在教学过程中灵活地把握课堂，开展教学。此外，要注意把握风趣的度。我不是主张整节课都要风趣，要“劳逸结合”，而且有些历史内容也不适合风趣。我所主张的是要把简约风趣和教学进行有机结合，将知识点以生动而浅显的比较有趣幽默的形式表达出来，达到传授知识的目的，而不是让学生在课堂只记住了趣，却忘了知识点。我希望通过简约风趣的历史课堂叩开学生学习历史学科的大门，提高学生学习历史的兴趣，活跃课堂气氛，创造和谐的历史课堂环境，增进师生感情，最终达到提高学生素养的功效。

（二）关于“知情交融”

知情交融，这里的“知”指的是知识、能力，“情”指的是激情、情怀、情感、情趣、态度、价值观，交融指的是两者之间的交汇交融，有机统一。

《普通高中历史课程标准（2017年版2020年修订）》指出：高中历史学科的核心素养包括唯物史观、时空观念、史料实证、历史解释、家国情怀五方面，通过素养培育达到立德树人的目标。历史教学需要情怀，这不仅是历史学科课程标准的要求，也是学科自身价值所决定的。

把知情交融与学科核心素养联系起来定义：所谓“知”我定义为学生该掌握的知识点以及学习历史的能力，体现在核心素养里就是“唯物史观、时空观念、史料实证、历史解释”；所谓“情”，主要体现为素养中的“家国情怀”。历史学科作为叙述和阐释人类历史进程及其规律的学科，探寻历史真相，总结历史经验，认识历史规律，顺应历史发展趋势，是历史学的重要社会功能。历史学科涉及政治、经济、思想文化各方面的人和事，这些人和事蕴含着高深的智慧和高尚的情操。学生通过学习从中感受家国情怀的洗礼，形成自己个人的家国情怀，养成良好的情感态度价值观。

在课堂中做到“知情交融”，我们要带着真挚的情感去教，展现历史教师的激情，体现教师的情趣，让学生在课堂上对话历史名人，把握历史事件的脉搏，接受历史智慧的洗礼，最终使学生能够从历史发展的角度，理解并认同社会主义核心价值观和中国优秀传统文化，认识并弘扬以爱国主义为核心的民族精神和以改革创新为核心的时代精神，具有广阔的国际视野，树立正确的世界观、人生观、价值观和历史观，为未来的学习、工作与生活打下基础。同时，作为教师，我们还要有人情味，在教学中我们不应该只关注学生的成绩，还要对学生有人文的关怀。

二、构建“简约风趣，知情交融”的历史课堂

简约风趣是教学的方法手段，知情交融是课堂教学的理想境界。

（一）精于设计，简约风趣

在每节课前，我们都应该先做好教学设计。设计好整个课堂教学，尽可能地做到组织严密、过渡自然、合理安排、有条不紊；讲解、分析、论证时思路清晰；提问、讨论、练习时关注个体，因材施教。总体上体现出教师对学生的了解关注、对教学方法的合理运用和对教学知识重难点的准确把握。

课堂教学应该删繁就简，教学环节设计应该具有明确的目的性，要梳理最核心的内容，教学过程要突出学习的重难点。那么如何去实现呢？在实现方式和手段上，我采用风趣幽默的方式。在课堂教学中，从教材的内容出发，通过有趣的问题、生动的小故事创设全新的情境来导入新课，唤醒学生的学习动力；采用诙谐的语言、抑扬顿挫的语气，甚至故意以一种怪腔（比如突然蹦出方言）来说明问题，阐释道理；经常把课本中的问题与学生身边常见的事物结合起来，形成参照对比，达到教学目的；让学生在宽松快乐和谐的课堂上学到知识，掌握技能，有所思有所悟，受到情感的熏陶。

（二）激情励志，知情交融

历史教师一定要有激情。在课堂教学中、在与学生的交流中，在各个环节中，让学生感受到激情，感受到被老师不断地鼓舞、激励，使学生激情饱满，斗志昂扬。把激情带进课堂，要求教师要善于控制情绪，首先是不把自身的消极情绪带进课堂，其次是要活跃课堂气氛，再次要精练语言，赋予感情，通过语言文字的运用，陶冶学生的情操。在激情的感染下，让学生勿忘历史、励志成才，学会根据自身的特点调整心态，以更加积极务实的态度，斗志昂扬、信心百倍地投入今后的学习、生活中去。

要想成为一个有激情、有个人魅力、能让学生亲其师信其道的教师，那

就要求教师本人不断学习和思考总结。教师首先应该是个有理想信念、有仁爱之心、有道德情操、有扎实基础、爱学善思、不断追求进步的人，随后才能从容不迫、有条不紊地面对变化多样的教育教学工作、面对各种各样的学生，用自己的良好习惯潜移默化地影响学生，使学生在领会知识的同时，学会为人处世，达到知情交融的教育功效。

“简约风趣”是我追求的教学风格，“知情交融”是我想达到的教学功效。我期盼在未来的日子里，通过教学实践不断总结完善教学主张，彰显教学风格，打造“简约风趣、知情交融”的历史课堂，让学生爱上历史课，学会品味历史，养成积极向上的人生观、世界观、价值观。

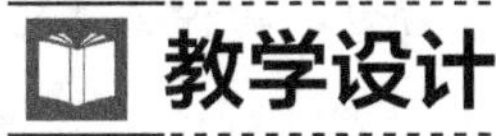

教学设计

新航路开辟后的食物物种交流

一、教学目标

引导学生运用本课教材及所学，了解新航路开辟前食物物种交流的内容和特点，培养学生有效解读材料、自主分析归纳知识的能力。

通过教学，让学生认识新航路开辟后食物物种交流对人类社会的影响，培养经济全球化和人类命运共同体的意识。

二、教学过程

片段一

师：（大声的开心的语调）同学们，我们上节课呢，学习了食物生产的历程，也了解到各个地区的食物生产有所区别。那么同学们知道新航路开辟前的食物和物种交流的情况吗？有什么样的特点呢？请大家结合所学知识阅读教材第8页的导言思考。等会儿老师要叫人回答哦。

生：回忆所学、阅读教材，回答问题。

内容：公元前6000年，西亚的小麦、大麦等进入了欧洲；公元前2世纪到公元2世纪间，通过丝绸之路，葡萄、苜蓿等传到中国，樱桃、杏等从亚洲传到罗马。

课堂归纳：新航路开辟之前，食物物种的交流主要是彼此邻近的地区和大洲内部进行，也有一些跨州交流。

设计意图

创设问题情境导入新课。单刀直入，删繁就简，以轻松开心的语调开启新的课堂，减轻学习疲惫，提起学生的学习欲望。在内容上，通过对上节课内容以及新航路开辟前世界食物物种交流情况的回顾，自然过渡到本节课新航路开辟后的食物物种交流，形成对比，帮助学生理解新航路开辟后食物物种交流的内容和产生的影响。

片段二

师：把学生分组，出示四组材料，请学生结合教材及材料内容，分析食物物种交流带来的影响。

材料1：明朝后期，番薯等美洲粮食作物传入中国后逐渐得到推广。番薯"亩可得数千斤，胜五谷几倍"，大大缓解了"民食问题"，人们遂能腾出更多的时间、劳力和土地等去发展经济作物，社会生活的许多方面也因此深受影响。

——摘编自何炳棣、陈树平等的研究成果

材料2：1492年后，当欧洲船只将成千上万的物种运到大洋彼岸的新家园时，全球的生态系统开始了碰撞与融合。克罗斯比将其称为"哥伦布大交换"，正是它让意大利有了西红柿，美利坚有了橙子，瑞士有了巧克力，泰国有了辣椒……这是塑造现代世界的众多事件之一。

——查尔斯·曼恩著《1493：物种大交换开创的世界史》

材料3：玉米和红薯的传入，导致粮食产量增加，使得民间有了较为富余的粮食，给更大规模的粮食交换提供了条件，推动了粮食的商品交换，使得部分家庭可以不再进行必要的粮食生产，转而从事手工业、商业活动，促进了商品经济的繁荣，推动了资本主义萌芽的发展。

材料4：粮食生产革命和人口爆炸互为因果，清代以来，人口压力不断增加，原本人烟稀少的广大山区，因为“老林初开，包谷不粪而获”和番薯“备荒第一物”的特性，番薯等栽种遍野，“生齿日繁”“棚民租山垦种，阡陌相连，将山土刨松，一遇淫霖，沙随水落，倾注而下，溪河日淀月淤，不能容纳”。

——摘编自何炳棣、陈树平等的研究成果

活动：阅读材料，思考问题：分析食物物种交流带来的影响。

生1：提高了全球粮食产量，使世界人口激增。

具体表现：玉米使干旱缺水……人口的增长（教材第11页第一段）。

生2：改变了人们的饮食习惯。

具体表现：马铃薯在欧洲……深刻影响着人类的日常生活（教材第11页第二段）。

生3：推动了当地经济和贸易的发展。

具体表现：北美地区的水稻……促进了商品经济的发展（教材第11页第三段）。

生4：对当地生态环境产生了一定影响。

具体表现：食草的马、牛……导致水土流失（教材第11页第四段）。

师：食物物种的交流传播丰富了人类生活，那为什么海关严禁私带境外动植物入境呢？阅读材料，思考我们应如何对待外来物种的传播？

材料5：随着全球经济一体化，国际贸易、跨国旅游业等快速发展，外来生物入侵已成为当前全球性的问题，对各国生态环境、农业发展造成了重大负面影响，被认作是21世纪五大全球性环境问题之一，开展外来生物入侵的防控已是全球各国政府关注的主要环境问题和工作重心之一。

——赵彩云《中国国际贸易往来中的“外来客”》

师：引导学生

生：成立国际组织，制定国际公约、协议，成立联合管理机构；国家高度重视外来物种防控工作，制定相关法律法规；投入大量财政用于外来入侵物种的防控工作及研究；组织专家开展外来物种入侵的科学研究和防治技术攻关。

师：总结并升华，体现知情交融：我们所处的是一个充满挑战的时代，也是一个充满希望的时代。应该如何保护万千物种共同的家园，让个人更幸福，国家更富强，世界更美好？共同构建人与自然生命共同体，这是中国给出的答案。习近平主席强调：要平等协商，开创共赢共享的未来；要开放创新，开创发展繁荣的未来；要同舟共济，开创健康安全的未来；要坚守正义，开创互尊互鉴的未来。

设计意图

分组讨论，发挥学生的主体作用。借助问题，启发学生思考。以问题情境为“桥梁”，激发学生探究问题和解决问题的积极性，发展学生的创造性思维。将共同构建人与自然生命共同体融入本课中，帮助学生树立人与自然生命共同体意识及初步具备世界意识。通过历史联系现实，升华本课教学主题，培养学生历史解释和家国情怀的学科核心素养。

徐丽芳：
做有思想的老师，建有生命力的课堂

个人简介

徐丽芳，女，1984年出生，韩山师范学院毕业，高中历史一级教师，现为福和高级中学教师。黄洪章名教师工作室学员（2021—2023）。2015年和2021年高考优秀评卷员。曾获"菁华杯"首届全国新课程优秀课例三等奖、第四届和平县青少年科技创新大赛优秀科技辅导员、第11届河源市青少年科技创新大赛全市十佳优秀科技教师荣誉称号、河源市高中教师解题大赛决赛三等奖等荣誉奖项。近年参与课题研究，多篇论文分获县级、市级和省级奖项或发表。

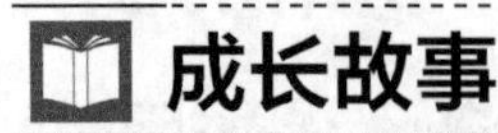

成长故事

心怀好奇，不虚此行

自2006年大学毕业以来，我一直在和平县福和高级中学担任高中历史学科的教学。回顾这从教的十六载，一路走来，风雨兼程，辛苦劳累会有时，收获成长不遗憾。

一、工作实践促成长

在教学方面，经过了“三年站稳讲台，三年站好讲台，三年站活讲台”的历练，十六年了，我在“站活讲台”的道路上继续前行。犹记得，最初的三年，我谦虚向老教师讨教，主动听同人们的课，学习大家所长，认真钻研教材和教参，有着“初生牛犊不怕虎”的精神，积极参加各种青年教师教学大赛，也取得一定的成绩。2009年，在学校组织的首届“福和杯”课堂教学大赛决赛中，荣获一等奖。2010年，在“菁华杯”首届全国新课程中学优质课评选活动中荣获三等奖。

在教研方面，我坚持“知行合一”，一边课堂教学实践，一边课后反思教学，结合所学的教育理念，不断提升自己的教学理论水平，积极撰写教学论文，参与各种论文评选活动。2013年，我撰写的《浅议高中历史备第一轮复习之策略》一文，在河源市中小学教师教学论文评比活动中，荣获中学组三等奖。2016年，论文《浅议高中历史教学中对学生情感态度与价值观的培养》获得广东省基础教育学会“创新杯”优秀论文一等奖。2017年，参与周胜森老师主持的县级课题“高中历史课堂学案式教学的研究与应用”，承担相关的任务，顺利结题。2018年，我撰写的《浅议高中历史教学对学生人文素养的培养》一文，在河源市中小学（幼儿园）教师优秀教学论文评选活动中，荣获中学组一等奖。同年，在河源市高中教师解题大赛市级决赛中，荣获历史学科三等奖。2019年，我的论文《论山区高中历史教师的专业成长》在广东省基础教育学会“创新杯”优秀教科研成果征集活动中，获得二等奖。同年，在学校举办的青年教师解题大赛活动中，荣获一等奖。

在其他方面，我坚持不断挑战自己，突破自己，发展自己的特长。我喜欢阅读、写作、演讲、音乐、运动，关注现实、民生等社会问题。在2016年，学校举办师德师风教育演讲比赛，我积极参加，荣获二等奖。同年，辅导学生进行社会调查，参加第四届和平县青少年科技创新大赛，众多学生获奖，我被评选为县优秀科技辅导员，并在第11届河源市青少年科技创新大赛中荣获全市十佳优秀科技教师的称号。2015年和2021年，我两次参加高考评卷工作，阅卷能力得到很好的锻炼，两次被评为优秀评卷员。在2021年的高考评卷总结会上，我代表题组总结发言，指出考生答题问题所在，以及给予教师一些教学建议。2017年，广东省教育学会国学教育专业委员会举办国学论文评选活动，我撰写的《中华文化、书香校园、和谐成长——关于中华优秀传统文化教育特色学校的建设策略》一文，获得二等奖。关于阅读，我经历了从功利型读书到成长型读书的过程。以前看书，只是为了备课，现在追求的是开阔眼界、提升自我。科技在进步，读书的方式也从纸质书发展到了纸质与电子书并用。我爱买书——纸质的书，不限于学术性的、专业性的历史书籍，也青睐一些文学的、哲学的、经济学的著作。不知不觉，阅读带我走上一趟美妙的心灵之旅。

二、名师伙伴引触动

2021年，我成为了黄洪章名教师工作室的学员。有幸结识优秀的各校同人，从他们身上我学到了很多东西，比如，开个人公众号记录教学反思，写美篇记录生活。我印象最深的就是黄洪章老师给我们开了一次《关于教师专业成长》的讲座，其中谈到教育思想、教学主张和教学风格，黄老师还给我们分享了他的“三观”，对我的思想有很大触动。从那时起，我就开始反省自己：我有教育思想、教学主张吗？我有稳定、独特的教学风格吗？

那时候，好几个学员示范了几节公开课，他们上课的意气风发、自信满满、风趣幽默，让我羡慕不已；还有学员做课题的严谨，注重史料实证的科学精神，让我钦佩；文学功底深厚的学员出口成章，下笔成文，让我叹为观止。工作室的每一位同人都各有各的特长，上课风格各有千秋，难分伯仲。由此，我对上课、写文章等给自己提了更高的要求，在教学实践中凝练自己的教学风格，决心向优秀的同人学习，做更好的自己！

三、生活经历获感悟

热爱生活，珍惜身边人。2012年，我的爱人遭遇一场严重的车祸。那是我人生的低谷期，我靠着“太阳每天都是新的”这句话，以乐观、坚强的信念，终于跨过了人生这道坎，深刻明白了人生不可能一帆风顺，生命可贵，坚强又脆弱。从此以后，我看待很多事情，心态更加平和，心胸更加开阔和包容。

“明天和意外，哪个先到？”人生无常！记不清是哪一年发生的事了，我的一位得意门生，学号为1号的班里“第一”的学生，在暑假期间溺水身亡。我那时特别难过，每每听到、哼唱到旋律悲伤的《丁香花》那首歌，我就想起那位成绩第一的1号学生。天妒英才，是一种自我安慰，反思课堂渗透生命教育成为我的一种思考。所以，把每天都过得充实，争取不留遗憾！

晨起锻炼身体，上班工作，下班生活，陪伴家人。业余读书、写作、记录生活，在自己的公众号里记录教学反思，在美篇App里记录生活点滴。平时有空发展自己的各种兴趣、爱好、特长，比如，自学声乐、跳广场舞、打篮球、跑步。我要像向日葵一样，向阳而生！

身为一名高中历史教师，我希望自己不仅可以用自己专业的历史学科知识帮助孩子们跨过高考这个门槛，走进心仪的大学校门，更希望用自己积极的人生态度感染孩子们，学会生活，提高获得幸福的能力。

生而为人，我心怀好奇，努力做更好的自己，愿今生不虚此行，生如夏花，绚丽灿烂，也不枉来人间走一遭。

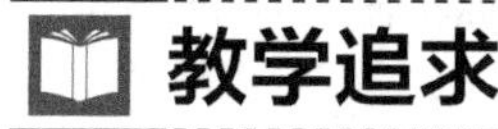

做有思想的老师，建有生命力的课堂

一、做有思想的老师

（一）缘由

我时常会思考这样一个问题：“什么样的老师才是学生心目中的好老师？”其实，评价是不是一个好老师很难有一个严格的标准。

但我自己曾经也是学生，我深深地记得，我们高中阶段全班最喜欢的老师是谁，为什么是他？他与其他老师有何不同？或许几十年过后，我们都忘了他教给我们的具体的专业知识，但我们却记得他在课堂上的音容笑貌和他独特的教学风格。他幽默风趣，和蔼可亲，乐观开朗。他讲抽象难懂的概念时，常给我们联系现实生活，深入浅出，学以致用。他私下与我们打成一片，亦师亦友。

后来，我长大了，也成了一名老师。我时常想起我高中的这位老师，为什么我们都把他放在心上？我们敬重他！爱戴他！他当年的座右铭——“太阳每天都是新的！”还在我人生的低谷期——爱人遭遇车祸，给我坚强的力量！感谢他当年在我稚嫩的精神世界的土壤里播下了一个乐观主义的种子，随着岁月的沉淀，它长成了一棵大树。这让我想起那句名言：“教育的本质就是一棵树摇动另一棵树，一朵云推动另一朵云。”

做一个有思想的老师，是我一个美丽而又坚定的理想。

（二）思想的魅力

思想，是一个人真正的灵魂。有思想的人能独立思考，有判断逻辑和内在定力。没思想的人，容易被周围舆论误导，陷入集体迷思，成为人云亦云的乌合之众。个体之人对于浩瀚宇宙，显得渺小而脆弱，但倘若一个人有了自己的思想，就会拥有自信和信念，内心变得坚韧，专注自己所热爱的人和事，不在乎世俗的眼光。一个有思想的人，通常是孤独的，但他目标清晰，眼神坚定，拥有很好的自制力，生命充满灵性且充沛丰盈。

我希望自己像一本书，一本封面可以很普通，内容却引人入胜的书；我希望自己像夏花那般绚烂夺目，哪怕只是转瞬即逝；我希望自己像秋天落叶那般寂静和美好，拥有尝过风雨后的从容与淡定；我希望自己像那永远朝着太阳盛开的向日葵，散发阳光温暖的气息。我乐意别人夸我是一个“有趣的灵魂”。

（三）途径

怎样成为一个“有趣的灵魂”呢？我想可以从以下几个方面努力吧！

第一，阅读。很多人说，读过的书，很多时候也会忘了，那读书的意义又是什么呢？我想说，读过的书，哪怕忘了，就像吃下去的食物，消化了，它还是转变成了营养藏在你的身体里。所以，你的气质里藏着你读过的书。

在书中，你可以见识不同的人，看到不同的生活，得到一些不同的生命感悟。脚步丈量不到的地方，文字可以；眼睛看不到的地方，文字可以。读书就是最好的心灵之旅。张爱玲说：“你读过的书，经历过的事，等时间长了，那些细枝末节的，你都忘了，剩下来的，就成了你的素质。”董卿说：“我始终相信，读过的书不会白读，它会在未来的某一个场合帮我表现得更出色。”高晓松说：“读书，是让你自己成为一个不太苟且的人。什么叫诗和远方？就是让自己更辽阔。而读书，就是让自己变得辽阔的过程。”余秋雨说：“读书最大的理由，是让人摆脱平庸。”

我喜欢读书，喜欢分享读书心得，喜欢记录生活。新东方创始人俞敏洪老师说过，人与人的最大差距就是认知的差距。如何提高自己的认知水平？可以通过阅读、行走——“读万卷书，行万里路”来开阔视野，增长见识。但是，行走对于我这样的山区教师来说，也不是容易实现的事。正所谓“世界那么大，我想去看看”。可是钱包那么小，“理想很丰满，现实很骨感”。因此，读书成为我灵魂走向高贵的一个比较不高的门槛了。

第二，行走。我这里的“行走”可以指“行万里路”的旅游，也可以指散步、快走、慢走的那种运动。用脚步丈量世界，可以增长见识。运动的这类行走，也可以让你思想活跃，发现生命的轻盈。行走，是一堂哲学课！哲学家尼采说，所有的偏见都来源于封闭的心灵，成为一个闭门不出的人，是对思想犯下的罪过。法国启蒙思想家卢梭堪称是一个觉醒的步行者，他说自己只有在行走时才能真正地思考、写作、创造和获得灵感。他漫步时思如泉涌，那些羊肠小道如移动的微小符号，激发他的想象。

我旅游的经历不多，经验缺乏，见识少。但漫步思考看过的书和影视作品，文思泉涌，确实和卢梭很有共鸣。我喜欢运动，在跑步、散步、行走中我也不会让头脑休眠，反而是非常享受一个人漫步、行走时的独处时光！

二、建有生命力的课堂

我作为一名高中历史老师，立志读书育人，而育人最重要的基地就是课堂，构建有生命力的课堂，是我目前的一种教学追求。

那么，有“生命力”的课堂到底是一种什么样的形态？生命力，是一种活生生的状态，同学们在这样的课堂里是能感受到尊重、真诚、理性、客观、温暖、善良、有同情心、坚毅、勇气、热爱……这样美好的词。我认为，至少是一种有活力、有灵性、智力和心灵获得生长的一种状态。

（一）缘由

为什么我会提出“建构有生命力的课堂”这样的教学理念？因为作为一个教育者，我认为教书育人，教书是一种手段，育人才是最终的目的。育人的核心在于要培养真正的人。那么，什么是真正的人？著名教育家苏霍姆林斯基说：“做一个真正的人，意味着奉献你的全部精神力量，以便使你周围的人们变得更美好，精神上更丰富；以便使你生活中所接触的每一个人，都能从你身上，从你的精神劳动中得到某些美好的东西。”真正的人是智慧和人格魅力的展现。他不仅在智力上得到充分发展，而且更是心灵和人格的成熟。

而现在的教育，无论是学校还是家庭都更注重智力的培养，忽视了心灵和人格的塑造，使得高智商低情商的孩子越来越多。所以，育人的工作在我们现在这样的大环境下显得尤为重要。

（二）途径

那么，如何构建一节“有生命力”的课堂呢?

首先，教师要善于挖掘“有生命力”的课程内容。生活的世界是自然不造作的，面向生活、面向人的素质培养的课程需要教育者精心设计，但要精心又不经意，在活动中让学生自然而然地形成一种品德、懂得一种规范。培养一个真正的人，要教会他生活，成为有独立思考能力、有同情心、有教养的人。鉴于我的教育实践经验，我觉得可以挖掘教材中具有教育意义的历史人物的生平事迹，比如苏东坡，苏东坡因为卷进北宋王安石变法的政治旋涡，坎坷坚韧的一生，他的乐观精神在千年之后依然可以给无数身处困顿的人们以慰藉和力量；也可以分享教师自己在现实生活中的感悟；推荐、介绍一本好书或者影视作品，比如一些中外名著，我曾推荐过路遥的《平凡的世界》，希望学生能明白读书的意义；甚至可以讲述一首歌的创作背景或者歌词的含义，比如，反映抗战题材的歌曲《九儿》。事实上，同学们也从这些素材中理解到了一些历史法则，感悟到做人和人生的道理。

其次，教师要艺术般地输出育人的素材才能收到更震撼的触动，才能基本实现一个完整的育人的过程。毋庸置疑，这自然对教师的综合素质要求比较高。我认为不管教学能力是否能够精彩、艺术性地展示内容，至少我们可以表达真诚。学生会因为你的真诚而感动，他们也会学会包容我们的不足。

简言之，我追求的教育理想是：做一个有思想的老师，上一节有生命力的历史课。以史育人，唤醒灵魂；尊重生命，热爱生活；读史明智，经世致用；读懂人性，慈悲为怀；感性中不缺高度，理性中不失温度。

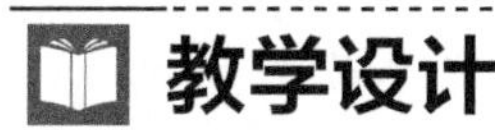

王安石变法

一、教学目标

以苏轼的视角重新审视“王安石变法”，通过讲述有关苏轼与改革派王安石、反对派司马光之间的事迹，让学生深刻地理解改革的复杂性、艰巨性。讲授“苏轼背后的女人”，理解家风的教育意义和苏轼的人格魅力。

二、教学过程及设计意图

1. 导入新课

情境导入：教师用多媒体播放具有宋代古风的音乐《声声慢》和《知否知否》。

设计意图

《声声慢》和《知否知否》的歌词是由千古第一才女李清照的词改编而成，曲风和旋律婉约伤感，带有宋代的人文气息。轻松的音乐可以快速地激发学生学习的热情和好奇心，为接下来的授课做好情感上的铺垫。

2. 新课学习

（1）改革的初衷

师：不同时期的改革，因时代背景、社会要求等要素的不同，而呈现出不一样的改革初衷，因而改革也是具有时代性的。

教师引导学生结合教材理清思路，北宋初期统治者吸取唐末五代藩镇割据导致分裂的教训，采取了一系列加强中央集权的措施，比如“收精兵”“制钱谷”“削实权”等措施，起到了加强中央集权、巩固国家的统一和安定的作用，同时，也带来了“三冗”“两积”的危机。北宋中期政治腐败、财政困难、游牧民族袭扰；范仲淹主持的庆历新政失败，社会弊病日益严重。所以，改革具有必然性，符合历史发展的潮流。

师：所以，王安石变法的初衷是什么呢?

生：（根据自己的理解作答）富国强兵。

（2）改革的内容：教师课件展示

（3）改革的本质：利益的重新分配（提问式教学）

（4）改革的特性：曲折性、复杂性、艰巨性（提问式教学）

（5）改革的结局：对比商鞅变法，思考王安石变法失败的原因和启示

3. 感悟升华

（1）三个男人关于变法的是是非非

教师讲述关于苏轼因言获罪的经过，明白王安石变法措施本身没有触及社会的根本问题，遭遇保守派的反对，实属正常，但王安石用人不当，导致忠良被陷害，遭遇贬谪，“乌台诗案”实质就是党锢之争。王安石为人正直，也在皇上面前替苏轼求情，不禁让人感慨：“君子和而不同，小人同而不和。”后来，改革派王安石失势后，保守派司马光得势，重新重用苏轼，但苏轼因为反对司马光的简单全盘废除新法恢复旧法的做法，感觉自己不合时宜，自觉边缘化。后来北宋晚期的党政愈演愈烈，苏轼仕途坎坷曲折。

（2）苏轼背后的女人

① 母亲“程夫人”：程夫人出身大户人家，仁慈、果决，具有良好的文化素养。她非常注重孩子的人格培养，常常挑选古往今来人事成败的关键问题进行讲述。年幼的苏轼立志学东汉名士范滂，得到程夫人全力支持。母亲的博大、温厚的家庭教育，对苏轼一生有着非常重大的影响。

② 第一任妻子王弗：苏轼的《江城子·乙卯正月二十日夜记梦》“十年生死两茫茫，不思量，自难忘。千里孤坟，无处话凄凉。纵使相逢应不识，尘满面，鬓如霜。夜来幽梦忽还乡，小轩窗，正梳妆。相顾无言，惟有泪千行。料得年年肠断处，明月夜，短松冈。”教师讲述苏轼意外发现妻子王弗会读书的

惊喜，两人先婚后爱，举案齐眉，琴瑟和鸣，经历了一段意气风发、平安顺遂的日子。在妻子去世十年后的夜里梦见亡妻，写下《江城子》，一番悼念，好不伤感！可见，苏轼也是一个深情的男子。

③ 第二任妻子王闰之：王弗的堂妹，陪伴苏轼人生低谷期25年。才情远不如堂姐的闰之，在“乌台诗案”后，为了保护苏轼，果断地烧毁苏轼的一些文字作品。她虽然不能在精神上与苏轼共鸣，却是苏轼生活上的依赖！苏轼作品里很少谈及闰之，可苏轼的人生最苦闷的25年里，处处都有她。

④ 爱妾王朝云：身为歌妓，苏轼替她赎身。俗话说“红颜易得，知己难求”，苏轼曾说过：“知我者，朝云也。”朝云一语中的，明白苏轼一生都“不合时宜”，人生不得志。

设计意图

借“王安石变法”课程，了解苏轼。或者说，借仕途坎坷的苏轼，用另一个视角理解“王安石变法”。幼年苏轼的成长经历，有时代的烙印和家风的传承。苏轼的人格魅力，让人敬仰。让学生在理性学习历史知识的同时，感受优秀历史人物的人格魅力，做到“理性中有温度，感性中有高度”，用文化熏陶学生的心灵，让学生的心智得到发展。

钟小琼：由趣生情，因问达理

个人简介

钟小琼，女，高中历史一级教师，现为和平中学历史教师。黄洪章名教师工作室学员（2021—2023）。多次参加河源市高中教师解题能力大赛、和平县赛课活动并获奖。县级课题“高中历史教材整合的研究”顺利结题。

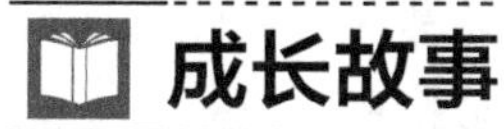

成长故事

学与思，成长的驱动力

我的历史教学经历，可以分为两段，一是以学为主的阶段，二是尝试着去思考的阶段。学与思，是我成长的两大驱动力。

一、学而不厌

学而不厌意思是学习总感到不满足。2010年我考进了和平中学，这是一所县重点高中，生源较好，学生不满足于教师的照本宣科。很快我就发现自己浅薄的知识不能适应教学的需要，于是，通过学习来弥补自己的“先天不足”。

三人行，必有我师焉。刚进学校的很多年，课室仍然没有多媒体。后来有了，自己又不熟悉网络，身处小县城，资源有限，自主学习还是不够。有幸的是在这里我碰上了很多有丰富教学经验的同行，在跟他们共事的日子里，每每遇到教学上不懂的问题，都会向他们请教学习，而他们也会悉心指导我。他们作为专业的老教师，工作上兢兢业业、踏踏实实，丝毫没有架子，是我学习的榜样。像钟雨老师，平时风风火火的极为爽朗的一个人，每当我有不懂的问题向她请教时，她都会像姐姐般，非常温和又往往一语中的给我很多启发。我第一次教高三，心里很没底，很忐忑，华老师亲自给我示范建构教学法，教我怎么指导学生按三级结构去掌握知识结构。在他们的帮助下，毕业班教学使我对知识结构有了全面的了解，我的教学能力也得到提升。至今仍记得，一次，吴老师在听了我的课后说：“小琼，这次听你的课，比起上次，进步了很多，令人刮目相看呀。”来自一个老教师的肯定，给了我莫大的鼓励。今天想来，非常感谢和中的前辈同行给我的帮助与鼓励，如果没有他们，我可能还要跌跌撞撞、懵懵懂懂很久。

另外一个给我提供学习的路径就是网络。特别是加入黄老师的工作室后，利用网络，自主学习，成了我进步的捷径。我在网上最喜欢的三件事情就是看优秀课例，借鉴别人经验，看专业培训课程，增强专业底气，还有就是网上读书。

首先在网络上，我会借鉴别人的备课上课的经验。可能我们没有太多机会现场听公开课，选择多听网络的公开课就是一个不错的选择。我有一位很优秀的茂名市的同学告诉我，她在教学上获得了很多奖项，我问她怎么做到的，她说听了很多优秀课例，学校或者教育局提供给她的教学视频优秀课例，她说自己都不记得看过多少了。我觉得她说得是有道理的，“读书百遍，其义自见”，看多了别人的优秀课例，即使做不到优秀，估计模仿也能有一定的提升吧。

其次在网络上我喜欢看专业的培训课程。比如华东师大的《中学历史教学设计》、陕西师大的《历史学科教材分析与教学设计》、叶炜教授的《中国古代史》、宫秀华教授的《世界古代史》等，通过看这些课程，来提高自己的学科专业水平。还有培训课，有时候学校或教育局会安排专门的时间段限定培训，自己不一定能把时间安排好，可能听得也比较“形式化”，所以过后，我会根据自己的实际情况，再灵活安排时间“回看”。这种补课，我觉得非常必要，在网络条件下，也让这种补课成为可能。通过培训课，我更好地理解了历史教学的精神要求，用于指导教学实践，达成历史教育的目标。

再次我喜欢在网上或线下看书。利用微信读书等软件，在教学上碰到疑难的地方，我会看看专业书。尤其在新课程背景下，教材内容庞杂，需要老师了解各方面的知识，利用网络有针对性地及时学习，可以解开一些教学的疑难。我也会选择读历史教学杂志，来了解历史教学的新动态，补充自己教学内容的同时改善自己的教学方式。而读教育方面的书籍，则使我的思想素养、心理素养得到成长。读书，使我更加明确知道，教师是一份奉献爱的职业，是一种特殊的职业，教师要做有端正的工作态度的人。“虽然我们并不能保证拥有某种态度就一定能成为优秀教师，但是缺乏强烈的责任和良好的工作态度，是无论如何都晋级不到优秀行列的。”（《师之道：优秀教师成长的方法与艺术》，杨洪昌）在情绪低落、碰到挫折的时候读书，书会给我力量。作为高中老师，任务重，尤其新课程之下，更有“推倒重来”的感觉。工作时间长，白天上课，每周两次的晚修，有时候还要开各种会议，再加上家庭琐事，有时候真感觉像根弹簧，被压得失去了弹性。我曾经因为畏难，对教学失去了动力，觉得马马虎虎过得去就行了。后来当我读到语文特级教师越淑丽在青年成长期，为了一份满意的教案，修改誊写了十七次，我被震撼到了。比起来，我觉得眼前自己的难算什么呢？总之，除了购买纸质书，利用网络读书，也是一种提高自己的方便途径。

二、思而不倦

“学而不思则罔”是孔子提出来的，意思是只读书学习，而不思考问题，就会惘然无知而没有收获。很长时间里，我也只会埋头学习，很少或几乎不太会思考。比如在上完课后，知道自己上得不太满意，但又懒于写教学反思，所以遗憾始终是遗憾，没有去补救。我想如果有反思，形成文字就不一样，下次上课就会根据反思去补救。再如听课例时，能欣赏别人的优点，如果一直是这种只为听而听的态度，那么课是听了很多，也只是停留在僵硬模仿阶段。可如果多了思考就不一样，我会想这在我的课堂上会怎样，我的学生能接受吗？如果不合适我会作什么改变？这样做我达到了教学要求吗？……于是，我朝着这个方向，尝试着在教学中加入更多的思考。由此，教学也不再是枯燥的重复。2022年我参加了县里的赛课活动，获得了三等奖。成绩不太理想，但我知道其中有些东西是我思考的创新，我是比较满意的。在教育工作中，2022年我被评为学校“优秀班主任”。2022年参加了广东省中小学骨干教师高级研修（高中历史）培训，有丰富和实用的课程，有学术前沿也有教学指导，群贤毕至，大咖云集。白天培训，晚上及时将笔记整理，写心得体会，这其实就是思考。这次培训让人大受教益，我的教学视野得到了开阔，教学能力跃上一个新台阶。如果说学习是摄入食物，那么思考就是对食物的消化，只有消化吸收了，食物才能成为身体的营养。

“纸上得来终觉浅，绝知此事要躬行。”实践当然是最重要的，但实践的前提，学习与思考也是必须的。学与思，是我成长的双翅，少了这对翅膀，就会失去方向，也让前进失去力量。

教学追求

由趣生情，因问达理

——我的教学追求

在历史教学中，有时课堂很热闹，课后检测或下节课提问，学生对上课的内容并没掌握多少；有时课堂想突出历史的理性，却发现学生没有积极性，课堂枯燥无味。如此种种，我不禁反思，有没有一种课堂教学，学生学起来有趣，又能真正的有所得？我于是追求包含了情感和理性的教学。“情”指的是学生感性的体验，触动学生，激发他们对历史学科的兴趣；“理”指的是“理性认识”，是比感性认识更高层次的认识。没有情感参与的学习过程是枯燥无味的，缺乏理性思考的历史教学是单薄肤浅的。所以，理想的历史课堂，是情理交融的。

一、兴趣先导，激发情感

托尔斯泰说：“成功的教学所需要的不是强制，而是激发学生的兴趣。”怎么去激发学生的历史学习兴趣呢？我觉得可以从下面两点给学生更多的感性刺激。

第一，重视图表、音乐、视频等感性手段在教学中的运用。图表具有很强的直观性，种类也很多，有地图、文物图、人物图、相片、统计表等。毫无疑问，用图表比用一大段文字表述更容易让学生识图，也可以减少课堂的紧张疲劳，相对而言，图表相比单纯文字材料更容易刺激到学生。就拿图片来说，要用好图片，前提是教师要重视教材的图片，要懂图，能对图片有深刻的解读，这样才能在课堂上让图发挥“以图讲史”“以图证史”“以图激趣”等功用。如果教师不重视不会解读，那么这一重要的教学资源就可有可无，甚至是多余的。喜欢读图看图是中学生的特点，如果我们重视了用好了，可以在课堂上收到事半功倍的效果。如果说图表是视觉的刺激，那么播放音乐是在听觉上活跃课堂学习氛围，给学生以听觉的“盛宴”。比如我在讲京剧这个知识点时，就播放了《说唱脸谱》这首歌，朗朗上口的音乐，亦歌亦戏，一下就吸引了学生，为接下来讲授京剧这一古老剧种，唤起学生民族自豪感作了很好的铺垫。视频材料更是可以渲染气氛，更立体地唤醒学生。精心挑选用心剪辑好的视频，把它有效地整合到课堂教学中去，使它与教学内容浑然一体，可以极大地调动学生的学习积极性，比教师单纯讲授有无法比拟的优势。视频教学也可以用在难点突破方面，历史有些知识远离学生的体验经历，单凭语言教授效果恐怕不太理想，比如曲辕犁是传统步犁的基本成熟，体现在犁评等部件，没有农村生活经验的学生，是很难明白当中的原理的，这时就可以播放一小段曲辕犁原理的视频，既直观又不用老师多费口舌，就可以解决学生想象的困惑。历史是绚丽多色的，不仅有思辨性，它最直接触动学生的，恐怕还是在感性层面。处于信息时代，形势需要我们不断学习，在课堂中更好地运用这些手段。

第二，教师要学会讲历史故事触动学生。黄牧航教授说过，“讲故事是历史教师最基本的能力。为什么现在很多学生喜欢历史而不喜欢历史课呢？很重要一个原因就是现在的历史课没有故事听……那学生怎么可能对历史课感兴趣呢？……我觉得历史教师要做的事情不多，我们一辈子做好两件事情就可以了：讲故事、说道理。把故事讲好，把道理说清楚，这就是一个好的历史教师”。叶小兵教授也说：“人爱听故事，可以说是人的天性……一个优秀的历史老师，他一定是一个优秀的历史讲述者，或者说白一点，是一个会讲历史故事的人……怎样才是更好的叙述方式？一是口语化，二是注重历史细节。历史是由细节组成的，讲历史离不开细节，要把历史讲得具体生动，使学生能够感悟到，就更需要有细节。教学内容的具体、活化，学生才能对历史有所感悟。从概念到概念，从道理到道理，空洞无物，是历史教学的大忌。”可见，讲好故事、会讲故事，不仅是做历史教师的能力的体现，也是让学生爱上历史课很重要的原因。

二、问题引领，培养理性

事实证明，学习一门学科前，关注学习者的状态是十分重要的。古希腊生物学家普罗塔戈曾说过：“头脑不是一个需要被填满的容器，而是一束需要被点燃的火把。”而点燃它，就要在情感上触动学生。当然，历史教学不仅停留在学科兴趣上，它还应有理性的追求。注重培养学生理性思维，使学生由感性认识上升到更高层次的认识，关键的一点是重视问题引领。黄牧航教授说过：“到了高中教学，我们要让高中生尊重这门学科，就不要片面降低难度。我们提出一些有价值的问题，有挑战性的问题，学生反而会更尊重，觉得你这个学科不是那么幼稚，原来是真的还有些问题挺难思考挺难解决的。因此，我们要学会提问题了。”那么，具体怎么提问题呢？

第一，问题提出要紧扣教材重难点知识。在有限的宝贵课堂教学中，问题设计应着力于教材的重点解决和难点突破，避免浪费大量时间去讨论跟课本无关或非重点的知识，否则，学生不仅领会不到课本的侧重点，也浪费了大量的精力，这种问题是没有意义的，课堂也是低效的。

第二，要精心设计好的问题。课堂教学中，我们几乎都能意识到史料的重要性，在引入好的史料或材料的同时，关注问题提出的质量也是非常关键的。好的问题要有针对性、指向性，问题不宜过大、过宽泛、太笼统。比如你这段材料是要让学生看变化还是分析变化的原因，要明确提出来，这样学生就能利用有限的时间聚焦任务和目标，而不是像盲人摸象，摸到什么是什么。好的问题要体现出循序渐进、逐步深入的过程性和内在的逻辑性，要能激起学生主动思考探究的愿望，从而全身心投入学习活动当中。比如《中外历史纲要》上册

第5课，问西晋为什么会迅速灭亡呢？学生观察教材第22页和第27页两幅地图，比较容易得出少数民族内迁这一史实，这时再追问：草原上的少数民族为什么会来到中原地区并在此定居呢？少数民族和汉族共同生活，可能会遇到什么问题？这一连抛出的问题，符合思维逻辑，学生不仅知道了由于少数民族内迁，并且其内迁后西晋统治者治国理政水平不高，不能妥善处理民族关系，最后导致西晋昙花一现，还理解了少数民族为什么在这时大规模内迁。真正做到了知其然，还知其所以然。由于问题设计有思维逻辑，层层推进，学生的思考积极性被调动起来了。

第三，要创设相应的教学情境设置问题。比如让学生观察地图回答问题，让学生阅读文字材料思考问题，欣赏艺术作品后回答问题，提供表格数据让学生思考问题等，引导学生置身于历史的情境中思考问题。而如果在教学中缺乏或者不太注重真实情境的创设，学生可能就未能真正具有对历史事物的真实体验，所以学习参与的主动性不强，无法高度有效调动思维。

第四，教师提出问题后要给学生相应的学法指导。比如原因类可以从什么角度思考，特点类应该怎么去归纳，意义影响类如何去思考，等等。又如引导学生打通历史认识，就不能割裂政治、经济、文化之间的内在联系。像“商鞅变法”“英国文官制度的建立”都是因当时生产力提高、经济基础发生了变化、新的阶级力量出现和壮大，从而推动了上层建筑层面发生变革。这其实就是运用唯物史观，帮助学生构建起宏观的历史认识，培养学生的历史洞察力。

课堂教学中，或许让学生看、让学生动手、让学生听，是培养学生理性思维能力最直截了当的方法，而我认为其中关键是问题引领。学生在提出问题、解决问题、回答问题的过程中学科核心素养得到培养，理性思维能力得到开发和提升。

当然，教学过程中情和理并非泾渭分明，而是相辅相成、相互渗透的。如果在历史课堂中，学生对历史有一种渴望与喜欢，学完之后，他们觉得又有所收获，人也变得理性，我想这是作为历史老师很愿意看到的。为追求理想的教学，我乐意一路追求。

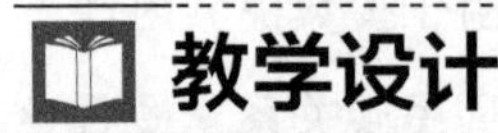

赋役与王朝更迭

——中国古代的赋役制度

一、教学目标

（1）通过学习，认识到赋税制度的变化与当时的社会历史条件的变化息息相关，从而培养学生时空观念。

（2）通过史料解读，归纳赋役制度的演变趋势，提高学生从史料中提取有效信息的能力和总结归纳能力。

（3）通过对每个朝代赋役制度背景、内容、影响的学习，提高学生从不同角度对历史事件阐释的能力。

二、教学过程

片段一：导入新课

教师活动：出示图片：江口沉银遗址发掘的银锭、张献忠头像。

2017年，在四川眉山市彭山区的江口镇岷江河道内发现了金册、银锭等大量文物，可以确认此地是明末农民起义领袖张献忠的沉银之地。张献忠是谁呢？他是与李自成齐名的明末农民起义领袖，明末进入四川，建立“大西”政权。图中银锭是大西在当地征赋税所得，有“大西眉州征完元年分半征粮银五什两，银匠刘祖辉”字样。那么，中国古代的赋税与王朝更迭有何关系？古代的赋税制度如何发展呢？我们今天就来学习中国古代的赋役制度。

设计意图

以课本导言插图导入，同时提出问题，引发学生思考赋税与政权的关系，有利于引起学生的学习兴趣和求知欲。

片段二：租庸调制

材料：赋役之法：每丁岁入租粟二石。调则随乡土所产，绫绢絁各二丈，布加五分之一。输绫绢絁者，兼调绵三两；输布者，麻三斤。凡丁，岁役二旬。若不役，则收其佣，每日三尺。

——《旧唐书·食货志上》

教师设问：根据材料并结合所学概括租庸调制的含义是？思考它的征税标准是什么？

设计意图

用好教材典型材料，引导学生阅读材料、教材，学会提取信息，提高概括能力，培养学生对租庸调制的理性认识。

片段三：一条鞭法

教师活动：（1）到了明朝中期，张居正实行了税制改革，称为一条鞭法，这使得赋税有了显著的变化，是什么变化呢？这跟当时的时代背景有什么关系呢？老师这里有一个视频，请大家带着问题观看视频（播放纪录片《皇粮国税》关于一条鞭法的短视频）。

（2）选择明朝后期的农民、商人或地主任一角色，结合一条鞭法的措施谈谈自己的态度和感受。

设计意图

借助短视频，让学生身临其境，为更好学习税制内容作铺垫，突破难点。角色扮演，激活兴趣，让学生设身处地评价一条鞭法。

片段四：合作探究

教师活动：请同学们根据所学从朝代、制度、人物梳理中国古代赋役制度，并从征收标准、赋役形式、征收种类、征收时间四个角度分析概括其演变趋势。

设计意图

在引导学生梳理总结具体事实基础上，培养学生从具体思维到抽象思维。

巫苏荣：

简通历史，多彩历史

个人简介

巫苏荣，女，华南师范大学历史专业毕业，现为龙川县第一中学教师。黄洪章名教师工作室学员（2021—2023）。获得荣誉奖项有：龙川县第八届中小学班主任专业技能大赛一等奖、2018年度优课二等奖、高中学校教师教学大赛特等奖并开展示范课，河源市2018年高中教师解题能力大赛三等奖。参加2020年闽粤赣“三省十二校”联考命题。参加工作室送教下乡活动。在《中小学教育》期刊上发表了论文。参与省级“工作室培养对象教学风格形成的行动研究”课题研究。

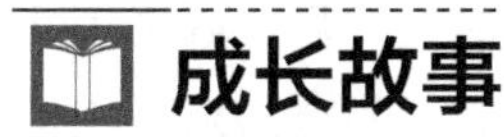

成长故事

在角色转换中寻找自我

时间总是过得很快，一不留神便悄然逝去。如今突然提笔回首过往从教的五年，大脑却一片空白，笔尖停格在半空中久久无法落下。幸好百宝箱还在，珍藏着的学生留言带着我流淌在回忆的海洋里，也是这一封封肺腑之言让我逐渐清晰了这五年来的成长轨迹，每一年似乎都默契地带着一层深深的角色烙印。

第一年：好可爱的姐姐

成为一名人民教师是我从小立志、长大坚定、余生不变的终身志愿，但理想是美好的，现实总是残酷的。好不容易熬过了13年茫茫学海，跨过千军万马的高考独木桥，抗住大学四年的腐烂生活的诱惑，一路披荆斩棘终于拿到了学校的聘书，开启了我的教师生涯。我以为苦难已经过去，愿景正在眼前。初上讲台不知所措、慌里慌张的时候才幡然醒悟，我不过是拥有了成为一名教师的机会罢了。

初出茅庐的我有太多的疑问了，我不知道怎么备课，不懂得怎么获取参考资料，不清楚教学重难点，更加无法掌握课堂的教学机制，甚至连一些教材知识点的深刻含义都没能准确领悟。无知懵懂的我在讲台上心虚勉强地支撑着，一板一眼地点着PPT虚张声势，内心只渴望能顺顺利利地完成每一节课，而学生就只需要静静地当着聆听的工具人即可。但总是事与愿违，插曲频生，时常被学生五花八门的提问折腾得像跳梁小丑。印象最深的一次是讲德国君主立宪制的时候，学生却只好奇这个制度的后续，缠问着要答案，绕不过去的我在台上心跳加速，脸颊通红，汗水直流，双手无措，呆滞了十几秒后愣头愣脑地带着他们现场查百度翻阅详情。像这样笑料百出的课堂在那一年里仿佛家常便饭，而学生好像也因此不觉得课堂无趣、老师无聊了，反而乐此不疲地，成绩竟也不算差。我也很感恩那一年的学生用最善良真诚的心包容了我，放下了对老师的严格要求，也没有轻视与敌意，单纯地把我这无知无措的教坛新人当成可爱的姐姐与他们一同成长。

第二年：太威严的班主任

把无知当乐趣、包容当法宝终究是不能长远的。所以那一年在讲台上花拳绣腿的同时，课下拿出了高考冲刺的那股劲，拼命地恶补中学历史知识，钻研课标教材教参，聆听学习前辈课堂，研究总结教学经验，终于在努力之后找到了一点自信，至少能撑住学生的基础知识性提问，控制住整个课堂的方向与进度，也展露了些许教学成绩。于是，学校有点过于信任我，大胆地任命我为文科次重班的历史老师兼职班主任。

这样的重任让我好不容易建立的自信又开始崩塌了，害怕这样的次重班毁于我手中，所以自觉地收起了往日的嬉皮笑脸、吊儿郎当，只留下了严格谨慎与一丝不苟。这样的高气压氛围也无形中带入了我的历史课堂，没有扯水，没有玩笑，也没了学生的打趣，只有知识考点、背诵检查，甚至还时不时在课前夹带着班主任的说教。

不得不承认这样“居高临下”的课堂确实很高效很从容，学生很认真很听话，成绩也始终高居榜首。但是一年下来，我总感觉缺失了什么，心里空落落的。果不其然，在期末听到的学生反馈就是我只有威严的班主任气息，失去了作为科任老师的鲜活色彩。

第三年：挺能讲的机器

一年的次重班高压管理，虽然成绩斐然，但却束缚了学生，也压抑了我，尤其是学生对我的淡漠甚至不满让我一方面陷入了过于威严的自责中，另一方面又为自己辛勤付出却不被理解而深感委屈。在这样的情感矛盾中，我乱了阵脚，在教师角色上变得迷茫，甚至只剩下了身心俱疲后的佛系与淡然。

在矛盾痛苦中挣扎的我想不通、看不透问题的本质，所以我任性地选择了逃避，关起了心门，放下了班主任工作，下定决心只做好科任分内事，不再把目光投向学生。之后的每天课余，我只专注于刷题训练和研究备考，课上的我也几乎不再说任何一句与历史课无关的话题，甚至对无心历史学习的学生也置若罔闻。在这样的潜心修炼下，我的备考知识与技能有了很大的提高，还独立完成了整套书的思维导图制作。在专业提升上自我感觉很充实，好似日子过得特别舒心，已是理想状态，别无所求了。

2020年春节，疫情来得很突然，网课惊人上线，对着电脑整整40分钟的自我陶醉输出让我畅快淋漓、沾沾自喜，可妈妈却说我像个“挺能讲的机器”。这个定位无疑让我彻底惊醒！这一年我就像没有灵魂的教书机器一样输出，虽然比以往更专业高效，却是没有温度的课堂，与学生只剩下淡漠的上课与听课的师生关系。而这明显不是我的教育理想，我更不想往后几十年的教坛生涯就只剩下这灰暗冰冷的色调。

第四年：很活力的师友

大彻大悟后，我的教师职业迎来了新生。我决定再次扛起班主任的旗帜，我要走进学生心里，我喜欢和学生亲近的感觉。

有了决心后的我如同打了鸡血一般，干劲十足，想法多多！我努力突破过去的教条式管理模式，尝试着从平等的心灵沟通的角度展开与学生的双向交流，也开始试着改善自己单调乏味的直女形象，竭力组织展开特色多样的班级活动与班风创设，而我手机里的“灵感备忘录”收集之路也就此开启。这样的醒悟与改变不仅让我在班主任岗位上脱胎换骨，更是直接启发了我的历史课堂，丢掉独角戏、一言堂那一套陈旧死板的模式，打开与学生互动的大门，深入了解学生的疑难疑问，致力于打通学生的知识淤堵成为了我教学上的新方向、新目标。

虽然每天朝六晚十，也几乎没有周末，但生活却忙碌而踏实着，就像学生说的好似个不眠不休、不疲不倦的战斗机，每日都在哒哒哒地折腾，却还总是那么活力满满、笑容灿烂。而于我而言，是因为收获了学生满满的爱意与甜甜的回赠，洋溢着暖暖的幸福，所以才能在这条道路上披荆斩棘、乐此不疲！

第五年：有想法的老师

这一年于我很特别，是我完成高中阶段完整的一轮教学后再次回到高一的时刻。重回起点，我是不是也该有新的一次成长探索了呢？还是选择规避风险、按部就班地把以往的那一套再往复走一遍？沉思良久，我依然犹豫不决。

机遇突如其来，我很荣幸地成为了广东省黄洪章名教师工作室的一名成员，结识了很多优秀老师，他们个个经验非常丰厚却依旧保持着钻研学习的精神，浑身散发着的独有的魅力令我惊羡，也让我默默下定了决心——我也想要有不一样的烟火，我也想成为有独特风格的老师。但是风格的养成并非一朝一夕，而我首先要做的就是思索我想教会学生什么。

作为班主任，我最想做的是打造一个有凝聚力的班集体。为此我做了很多的设计，建立班级管理制度章程，运用倡导鼓励式教育，融合家委协作模式，开展班级游戏团建活动，创设班级特色文化墙等，均取得了不错的效果。虽称不上完美，但是在我卸任班主任一职时，新接任班主任直言“从来没有遇到过这么懂事又团结的班”，简简单单的一句评价也确确实实让我圆满了。

作为科任，我最想做的是改变学生对历史学习“死记硬背”的刻板印象。历史包罗万象，考点千头万绪，但万变不离其宗。我认为学生只要抓住了历史的前后因果脉络，懂得去联系变通，那自然而然，无论是历史知识的背诵记忆还是迁移运用能力都会提高。所以在这一年的教学上，我一直力图鼓励并教会学生学习制作和灵活使用思维导图，而我自身也无论是课上还是课下都在积极地践行思维导图“简通广”的原则展开教学，成了学生口中的思维导图代言人。

感恩工作室伙伴的教导与启发，让我免于亦步亦趋地重蹈往复，而是迸发了很多新的想法与灵感，更是让我从被动地迎合学生的错误观念中转变过来，真正学会去思考教育的本质和把握教育的主动权。

这五年来，角色标签贴了撕，撕了换，如今迎来第六年，学校又再次过于信任我，把历史重点班交到了我手中。面对这全新的挑战与机遇，我不甘原地不动，渴望寻找新的角色标签，只愿在每一次的角色轮换中丰富自我，不忘初心，砥砺成长！

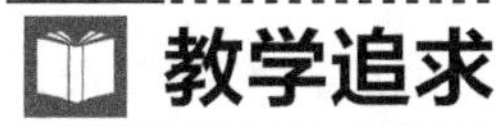

简通历史，多彩历史

——打造减负历史课堂

历史是一门庞大繁杂的学科，范围囊括古今中外，内容知识包罗万象，考点更是千头万绪。但就是这样一门庞杂多彩的历史课却总是被学生们默契地烙上一层刻板印记：听着无味，抄到手断，背到脑抽，答时全乱。曾经的我被这样的一番评论深深击溃，陷入迷茫无助。但痛定思痛后，我不甘就此定格，更不愿我的学生走出课堂后每每提到历史课的印象就只剩眉头一皱和满满的负担感。所以自此，为历史课堂减负就成了我一直以来的教坛追求。

一、打造简通历史课堂，为学生大脑减负

所谓“简通历史”指的是简化历史内容的同时又通畅历史脉络，即将学生眼中的又多又乱的历史知识变得简洁有序，为学生的历史学习在内容量和难度量上减负。我认为打造简通历史课堂可以从以下三方面展开。

首先，让历史知识化繁为简。

翻开历史课本，不难发现，我们的历史课本尤其是新教材的文字量是非常巨大的，而且正文的每一句话都是别有深意，都可以细细挖掘，但一一展开后的庞大知识内容量无疑会让学生不堪重负，课堂时间也不允许我们这样奢侈，而如若只挨个地蜻蜓点水，那于学生而言也是如走马观花，终究竹篮打水一场空。所以在有限的时间与脑力下要面对如此繁杂的历史知识量，精简取舍课文

内容就显得尤为重要。

作为历史，能被载入教科书的语言就没有一句是无关紧要的，我们教师在历史面前更是渺小如尘埃，完全没有资格去衡量评判历史里的孰轻孰重。但从学生的角度而言，从现实的高考需要来说，我们只能功利地从课标里找尺子去衡量取舍历史课本内容，即以课标为纲展开教学设计，细讲重点，解析难点，粗略带过非考点，笔记概括再浓缩精华点，力争将历史课本读薄，从笔记量和记忆量上为大脑减负。

历史的严谨性又要求我们必须坚持论从史出，故而史料的运用是必不可少的环节。但史料也就意味着文字量、内容量，对学生而言又是层层的负担加码。两者兼顾，还得以教材为抓手。所以课本中的历史纵横、学思之窗、课后阅读等皆可作史料用，既避免了PPT上额外附加的史料文字向学生满屏袭来的压迫感，又省去了学生课后追加的材料阅读量带来的压力感。简言之，就是让40分钟的历史课最终留给学生掌握的文字量尽量精简，从内容量上为大脑减负。

其次，让历史线索由乱变明。

化繁为简后的历史知识点就像经过筛网精挑细选后的一盘散沙，虽然已经大大减量，但仍然是杂乱无章的，大脑要全部拾掇起来往往会陷入捡了东粒丢了西粒的死循环，即便勉强一把抱起，但要挑选其中某一粒来用时却往往再次陷入彷徨，茫茫沙堆里不知从何下手。所以此时此刻，如果有一个细网兜就完美了，让每一粒沙子都能按照特质分属各归其位，错落有致，格外分明。我认为思维导图在历史沙堆里就是最好的细网兜。

放射性思考是我们人类大脑的自然思考方式，思维导图就是将我们的零散的历史知识点视作关节，一个一个地与中心主题联结起来，而每一个知识关节又可以不断地细化或再次成为下一级别的小中心拥有着自己的知识关节，就这样将千百个历史小散点绘制成放射性立体结构，用历史的话来说就是构建封建社会的金字塔结构。

显然，要构建这样严密的结构，我们的历史课堂就得做到主题明确，框架完整，脉络清晰，解释精准，以及每一个知识关节的联系衔接必须平稳顺当、合乎情理。最终，一节逻辑严密、层层推导下来的历史课势必有利于打通学生的任督二脉，抽丝剥茧地理顺历史的前因后果，联系贯通后再去记忆背诵必然大大减轻大脑的记忆难度，而且答题时也更有利于大脑有的放矢。

最后，让历史知识由外入内。

苏霍姆林斯基说过“在学生的脑力劳动中，摆在第一位的并不是背书，不是记住别人的思想，而是让学生本人进行思考”。我想打造简通历史课堂的目的是为学生大脑减负，但无论是我对历史内容的简化还是历史框架的梳理都是我的个人设计，是我在备课过程中达到的历史教学的自我减负，如果我只是单纯地把这个设计一整个直接抛给学生，就等于是把筛好且摆放整齐的细网兜交给学生，而学生要去记住这每一粒沙子的形状特质和摆放规律无疑又是一大负担，减负历史课堂也就有名无实了。所以真正要将减负历史课做到让学生减负还必须注入灵魂之剂——生本课堂。

教师凭着预想的简化设计充当课堂引路人，通过层层的问题导引激发学生思考，最终让学生自行思索规划出整个的历史蓝图。这幅画虽然是教师心中的预设，但却是学生一笔一笔勾勒出来的，那也是属于学生自己的思想成果了，历史知识也随之由外入内。而自己一步一步探究出来的成果自然也是印象深刻，无论是熟悉记忆还是灵活运用都能更加得心应手。

二、打造多彩历史课堂，为学生心理减负

歌德曾说“历史给我们的最好的东西就是它所激起的热情”。当初看到这句话的时候，我不由得脸红心跳，羞愧难当！因为我个人的无才无趣而导致我那一批批学生误以为历史就是一门单调乏味、了无生趣的学科，更谈不上学史的激情，只剩上课的心理负担。

为了不成为历史的“罪人”“抹黑者”，我立誓要为历史正名，带领学生感受历史的光辉灿烂与精彩奥妙，但历史又告诉我要实事求是，而现实就是我没有历史大家的那种渊博学识，我做不到讲史滔滔不绝、五彩斑斓。经过一番矛盾分析、自我审视后，我决心展开过渡性探索来逐渐改变学生对历史课堂的刻板印象，即打造多彩课堂，由表及里的多样化心理减负。

表：创设多样活动，增添历史课堂趣味。

“书到用时方恨少”，陷入窘境又想摆脱课堂困境的我只能“学识不够，技巧来凑”了。抛开专业深度，为课堂装扮点色彩和欢乐来激发学生学习兴趣的方法还是很多样的。比如政治史相对而言涉及的名人大事多，可以择取其中的经典历史场景让学生展开历史舞台剧；经济史相对链接现实生活，可以在讲述过程中适时地串联当今的生活所见，拉近历史与学生的距离；思想史相对丰富多元，可以搜寻拓展不同文化背后的文人趣事让学生感受不同时空的思想碰撞；复习课相对枯燥无味，可以采用击鼓传花的游戏方式回顾所学以增添课堂的紧张又欢乐的氛围；讲评课相对沉闷无声，可以巧设有奖竞猜活动以调动学生的积极参与性；等等。不论专业性，单顾趣味性，只要敢想敢干，历史课堂的趣味活动是数不胜数的。

里：增长专业学识，提升历史学科魅力。

苏霍姆林斯基说：“如果你追求的只是那种表面的显而易见的刺激，以引起学生对学习和上课的兴趣，那你就永远不能引起学生对脑力劳动的真正的热爱。”尽管这些五花八门的课堂趣味小活动的探索确实让我的学生对历史课堂的好感度增加不少，但在专业而严谨的历史学科面前难免花拳绣腿了，从历史文化的博大精深与育人情怀层面来看更是格格不入，终究不是历史教学的长远之道。所以在运用这些小伎俩迷惑拉拢学生之余，我更应该致力于勤勉读书，增长学识，通过提升课堂的深度与广度来让学生感受历史学科的魅力从而真正爱上历史课堂。正如陶行知先生所说“要想学生好学，必须先生好学。惟有学而不厌的先生才能教出学而不厌的学生”。

尽管历史的渊博厚度于我还一时半会无法成就，但是历史的育人高度是我作为教师时刻不能忘的使命。而在追求以史育人的同时，如果教师自身情感十分投入，氛围渲染足够浓烈，选择的切入点和呈现方式得当，学生其实也会深陷课堂情境，自然而然也不会再觉得上历史课是一种心理负担。

“学问之根苦，学问之果甜”是亘古不变的道理，“学海无涯苦作舟”亦是每一位学子必经的修炼过程。在这苦与泪充斥的求知道路上，虽然我无法代替学生乘风破浪，但是做好引路人帮助学生轻装上阵、少走弯路是我为人师的使命，未来我也将继续在减负历史课堂的探寻之路上努力向前！

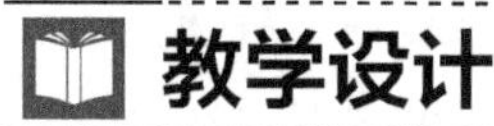

绚烂世界的工业之花

——影响世界的工业革命

一、教学目标

本课整合教材内容，以工业革命为中心主题，将工业革命的背景、过程与影响等内容设计成花朵式思维导图的框架结构，通过对比分析法和层层的问题导引展开生本课堂，最终简化教材，突破重难点，帮助学生强化知识理解并形成体系。

二、教学过程及设计意图

1. 激趣导入：沉迷手机场景

学生沉迷手机现实场景导入，问题导引学生回顾电话手机变迁历史，进而引出本课主题——工业革命。

设计意图

通过学生现实生活场景导入，激发学生的学习兴趣，活跃课堂气氛，也从手机的变迁历史当中直观感受到伴随工业科技革命的发展，越来越智能化的电话手机使人们的电子玩乐生活日益多彩，正好印证了本课的主题——绚烂世界的工业之花。

2. 含苞待放：工业革命的背景

通过问题导引学生结合课本与补充材料对比探究18世纪60年代的英国与其他国家的不同，进而请学生归纳总结工业革命首先在英国发生的原因。

（1）课本材料：大约从15世纪开始，在英国等西欧国家，新兴资产阶级和新贵族强行圈占公有土地和农民份地，将其变为私有的大农场或大牧场，形成了所谓的“圈地运动”。其中，英国的圈地运动最为典型。英国制呢业发达，对羊毛的需求激增，土地所有者在被圈占的土地上养羊，获取高额利润。与此同时，大批农民被迫离开土地，成为靠出卖劳动力为生的雇佣劳动者。

——《中外历史纲要（下）》历史纵横

问题导引①：英国新贵族圈占的土地用途是什么？农民被赶走后去哪里谋生？离开土地后的农民不能靠土地自给自足了，那么生活所需物品从哪里来？这些对工业革命的发生有没有作用？

（2）PPT补充材料：其他国家的劣势：西班牙、葡萄牙处于封建主义；荷兰以贸易立国，手工业发展薄弱；法国政权更迭频繁，小农经济占主导；德国、意大利四分五裂；俄国、日本处在封建专制统治下；美国尚未独立。

问题导引②：根据政治、资金、市场、原料、劳动力、技术等参考角度思考其他国家各自缺乏工业革命所需的哪些条件？而同时期的英国是否满足相应角度的条件？对比分析后思考工业革命为什么是首先发生在英国？

设计意图

以时空展开历史大事件的分析，有利于增强学生的时空观念和培养学生的知识联系与迁移能力；利用课本材料精简PPT文字内容，减缓学生视觉疲劳；对比探究法配合层层的问题导引，有助于开拓学生思维，厘清工业革命首先发生在英国的原因。

3. 绚丽绽放：工业革命的进程

学生小组合作探究课本第二子目内容，完成两次工业革命的内容对比表格，请小组代表总结，讲解时重点突出发明来源方面的分析，以问题导引的形式让学生结合课本材料理解科学技术与生产实践的关系。

问题导引（难点）：第一次工业革命后生产力有没有提升？尝到技术发展

带来高效生产力甜头的资本家对技术创新会有何态度？第一次工业革命的发明家主要是什么身份？资本家愿意被动地等待一线工人的长时间积累才能得来的技术创新吗？资本家会如何加快推动技术创新呢？资本家加大对科学实验的投资的目的是什么？第二次工业革命中科学技术与生产实践有没有实现结合？

设计意图

将教材中两次工业革命内容进行整合，以表格形式对比展开教学，既将知识内容化繁为简，也更直观清晰地凸显出两次工业革命的异同及关系。而第二次工业革命使科学技术与生产力紧密结合是一难点，也是高考常考点，通过问题导引的形式引导学生层层剖析，最终探寻答案。

4. 花香四溢：工业革命的影响

通过问题导引学生对比分析工业革命前后的社会情况，多角度探究工业革命的影响，重点讲解生产组织方式的变化，通过“大鱼吃小鱼”与“强强联合”图片辅助学生理解垄断组织的形成及对世界联系的影响。

问题导引（难点）：

① 第二次工业革命和第一次工业革命相比有何区别？——轻工业到重工业

② 资金投入更大还是更少？什么样的公司能承担？——股份公司，规模渐大

③ 大公司与小公司及大公司之间会存在怎样的生存关系？——兼并与联合

④ 仅存的几家大公司对经济有何影响？——垄断组织，控制国家经济命脉

⑤ 用唯物史观分析垄断组织形成对国家政治有何影响？——操纵国家政权

⑥ 资本家借助政治想达到何种目的？——对外扩张，开拓市场，帝国主义

⑦ 对世界有何影响？——瓜分狂潮，资本主义世界市场最终形成

设计意图

多用图片史料与导图模式展开讲解，不仅能弥补前面系列文字史料带来的视觉疲劳，更能帮助学生清晰直观地理解工业革命给社会带来的影响，从而突破本课的重点与难点。

5. 回顾梳理：思维导图总结

设计意图

以思维导图方式引导学生回顾总结本课内容，知识框架清晰明了，再次强

化学生对本课的知识逻辑，方便学生课后自我梳理与理解记忆。

6. 感悟升华：视频启迪

播放2020年世界人工智能大会开场视频，问题导引学生为中国科技发展而做新时代有为青年，拒绝手机诱惑，做科技的主人。

设计意图

通过观看视频让学生深刻感受科技革命带来的震撼，并激发学生的热血情怀与责任意识，激励学生为中华实现科技强国梦而努力奋斗，充分体现历史学科的家国情怀核心素养，发挥历史育人功能。